Joachim Heyder

Kinder, wie die Zeit vergeht

Joachim Heyder

Kinder, wie die Zeit vergeht

Erlebte Geschichten

Butzon & Bercker

Bibliografische Information der Deutschen Nationalbibliothek

Die Deutsche Nationalbibliothek verzeichnet diese Publikation in der Deutschen Nationalbibliografie; detaillierte bibliografische Daten sind im Internet über http://dnb.d-nb.de abrufbar.

Das Gesamtprogramm von Butzon & Bercker finden Sie im Internet unter www.bube.de

ISBN 978-3-7666-3715-4

Umschlagabbildung: © Aleyey Davlutas (Hintergrund),
© Osterland (Koffer) – alle: stock.adobe.com
Umschlaggestaltung: Tanja Manden, Kevelaer
Layout und Satz: Schröder Media GbR, Dernbach

Inhalt

Wie aus Kindern Leute werden

Aus der Schule

In Familie und Freundeskreis

Wie aus Kindern Leute werden

Erste Einsichten

Schritte ins Leben

Erwachsen werden

Erste Einsichten

Der Gefahr ins Auge gesehen

Krabbeln kann Moritz noch immer deutlich besser als laufen, aber dafür sagt er schon ganz erstaunliche Sachen. Nun war er zu der verglasten Terrassentür gekrabbelt, dem einzigen Ort, von dem aus er ohne fremde Hilfe nach draußen sehen konnte. Dort lag er nun und sah – sozusagen Auge in Auge – den beiden Katzen zu, die vor der Tür auf und ab gingen, miauten und gerne ins Haus wollten.

Nachdem Moritz die Katzen eine ganze Weile beobachtet hatte, stellte er mehr interessiert als besorgt fest: „Die wollen mich fressen!“

Sicherer Halt

Was kann es Schöneres geben, als auf Papas Schultern zu reiten?! Die kleine Livia tut es mit Begeisterung, und auch meinem Freund Reinhard macht es sichtlich Freude. Aber irgendwann wird Papa doch müde …

„Möchtest du mal bei Christoph …?", fragt Reinhard sein Töchterchen. Livia nickt strahlend, und so hebt Reinhard das Kind auf meine Schultern. Sofort fühle ich rechts und links eine kleine, kräftige Kinderhand an meinen Ohren. Meine Überraschung sieht man mir an, ganz offenbar, denn ein bisschen verlegen erklärt Reinhard: „Das haben wir ihr so beigebracht. Damit sie nicht runterfällt."

Wie bei Oma

Klein-Freddy, vier Jahre alt, liebt seine Großmutter heiß und innig, mehr noch, er vergöttert sie geradezu. Ein Wunder ist das nicht, denn bei ihr steht er im Mittelpunkt. Aber ganz besonders wichtig ist für Freddy, dass Oma bereitwillig alles kocht, was er gerne mag. Bei seiner Oma ist Freddy glücklich.

So viel Rücksicht nimmt man zuhause nicht auf ihn; schließlich ist es ja auch die Aufgabe der Großeltern, die Enkel ein wenig zu verziehen. Zuhause muss Freddy essen, was auf den Tisch kommt. Das behagt ihm ganz und gar nicht. Zuhause gibt Freddy sich wählerisch, verzieht sein Gesicht – nein, so etwas mag er nicht.

Doch seine Mutter hat ihn durchschaut. Wenn er wieder seinen Teller misstrauisch beäugt, sagt sie einfach: „Kannste essen, hat Oma gekocht." Diese List führt unweigerlich zum Ziel. Wenn es Oma gekocht hat, schmeckt Freddy einfach alles.

Vom Entstehen der Begriffe

Was gibt es Herrlicheres, als mit den Nachbarskindern im Sandkasten zu spielen! Was kann man mit Sand nicht alles machen – wenn er die richtige Feuchtigkeit hat! Nun hatte es aber lange nicht geregnet, und wenn der trockene Sand nicht hält und den Kindern nur so durch die Finger rieselt …

Also gab man ihnen einen Eimer Wasser zum Anfeuchten – ausnahmsweise, denn Kinder und Wasser, da braucht man nicht viel Fantasie …

Anderntags erzählte Tobias begeistert seinem Großvater: „… und dann haben wir Motsche gemacht, wenn man nämlich in einen Eimer mit Wasser Sand tut, dann gibt das Motsche, und mit der Motsche kann man …"

„Warum sagst du immer ‚Motsche'?", unterbricht der Großvater. „Das Wort gibt es doch gar nicht. Es heißt ‚Matsch'!" Erstaunt, ja entsetzt sieht Tobias seinen Großvater an. Natürlich weiß er, was Matsch ist, aber mit so etwas Fiesem würde er doch niemals spielen! Vorwurfsvoll sagt er: „Nein, Opa, doch nicht Matsch! Motsche!"

Ein Zeichen der Wertschätzung

In einem turbulenten Haushalt mit kleinen Kindern geht so manches zu Bruch. Entsetzt stellt Gabriele fest, dass sie nur noch fünf gute Teller hat – solche mit Sprüngen oder Kitschen nicht mitgerechnet. Am Wochenende kommen doch Benno und Maria, und bei denen ist immer alles picobello … Eilig kauft Gabriele ein neues Essservice. War eigentlich schon lange nötig, sagt sie sich. Gut, dass es jetzt sein musste.

Tobias mag Onkel Benno sehr, aber Tante Maria vergöttert er. Überschwänglich begrüßt er die beiden, und nach der Begrüßung – so überlegt er – ist die Gelegenheit gekommen, dem Besuch etwas ganz besonders Nettes zu sagen. Er guckt feierlich, dann verkündet er: „Wir haben extra für euch neue Teller gekauft!"

Die Macht der Gewohnheit

Lange schon sitzen die Erwachsenen am Sonntagnachmittag um den Kaffeetisch, zu lange, wie Tobias meint. Seine geliebte Tante Maria ist zu Besuch und hat viel zu erzählen. Aber jetzt wird es wirklich Zeit, dass Tobias sie auch einmal nur für sich hat. Er drückt sich um den Tisch herum. „Tante Mariaah", fragt er endlich schmeichlerisch, „wie spät ist es denn schon?" Tante Maria sieht den Kleinen freundlich an. „Tut mir wirklich leid, mein Junge", antwortet sie, „aber das weiß ich auch nicht." Verständnislos entgegnet Tobias: „Aber du hast doch eine Uhr um!"

Kann seine Tante das denn wirklich vergessen haben, fragt Tobias sich. Tatsächlich, fast ein wenig überrascht schaut Tante Maria auf ihre kleine, goldene Armbanduhr, dann sagt sie: „Ach, Tobias, weißt du, die Uhr habe ich immer an. Ich habe mich so daran gewöhnt, dass mir ohne sie direkt was fehlt. Aber gehen tut die doch schon lange nicht mehr!"

Unstillbarer Wissensdurst

„Das gibt es doch nicht!“ Gabriele fand in einem Paar fast neuer Kinder-Kniestrümpfe mehrere Löcher. Aber nicht die bekannten Löcher an Zehen oder Fersen, sondern saubere, glatte Schnitte …

„Tobias“, rief sie, „komm doch mal her!“ Tobias kam angetrottet. „Hast du die Löcher in die Strümpfe geschnitten?“ „Iich?“, fragte Tobias unschuldig, „nein!“ Nun gibt es Momente, in denen Leugnen alles nur noch schlimmer macht. Tobias sah den Blick seiner Mutter und wusste, das war ein solcher Moment. „Öööh, doch“, verbesserte er.

Gabriele war fassungslos. „Warum?“, fragte sie nur. Tobias zuckte die Achseln. „Weiß nich’“, entgegnete er hilflos. Jetzt, im Angesicht seiner Mutter, konnte er es sich selbst nicht mehr erklären. Aber gestern war das Verlangen übermächtig gewesen, zu wissen, wie es sich anfühlt, wenn die Schere in den weichen Wollstoff schneidet. Und er hatte doch so gehofft, dass es nicht herauskommt, er hatte die Strümpfe extra ganz tief unter die anderen geschoben …

Schlechte Erfahrungen

Sophia ist ein munteres Persönchen und immer gerne dabei, obwohl sie mit ihren zweieinhalb Jahren das jüngste Kind in der Nachbarschaft ist. Ihre Eltern freuen sich, wenn sie sehen, wie unbefangen ihre Kleine auf die größeren Kinder zugeht und mit ihnen spielt.

Nur – dass das nicht immer so leicht ist, wie es nach außen hin aussieht, das hatten sie nicht geahnt. Nicht bis zu dem Tag, an dem sie Sophia eine fast lebensgroße Puppe schenkten. Natürlich hatten sie erwartet, dass ihre Tochter sich auf die Puppe stürzen und sie in den Arm nehmen würde, aber wie sehr hatten sie sich getäuscht! Unschlüssig blieb Sophia stehen und sah die Puppe an. Freute sie sich denn gar nicht? – Nein, in Sophias Blick lag mehr als nur eine Spur Skepsis. Dann wandte sie sich an ihre Mutter mit der bangen Frage: „Haut die?“

Das Erkennungsmerkmal

Busche oder Möller? In der Bäckerei Möller gibt es ganz besonders leckeren Kuchen, dennoch neigt sich heute die Waagschale tief auf die Seite von Bäckermeister Busche. „Am Brot erkennt man eben doch den guten Bäcker!“, sagt Christa zufrieden, als sie das frische, duftende Brot anschneidet.

Das hört ihre kleine Tochter Sophia. So komplizierte Sätze kann sie sprachlich noch nicht recht einordnen, aber die wichtigen Dinge des Familienlebens, die bekommt ihr wacher Verstand mit. „Ja, Mama“, ruft sie, „und Möllers erkennt man am Kuchen, nich’?!“

Eine Win-win-Situation

„Du lieber Himmel, wie soll ich das schaffen“, stöhnt Christa, „schon halb eins durch!“ Und dann steht alle fünf Minuten die kleine Sophia in der Tür und sagt hoffnungsvoll-fragend: „Mamaaa …“

„Sophia“, sagt Christa, „ich hab’ wirklich keine Zeit. Wenn du jetzt lieb bist und mich nicht mehr störst, dann darfst du nach dem Essen mit mir Friseur spielen.“

Friseur spielen – der Himmel auf Erden. Sophia verschwindet strahlend, aber nach dem Essen, als die Spülmaschine läuft, erscheint sie mit ihrem Frisierköfferchen. Christa setzt sich in einen Sessel, Sophia holt noch ein Fußbänkchen, damit sie sich nicht so recken muss, und dann fängt sie an: waschen (natürlich nicht mit echtem Wasser), schneiden (nur so tun, als ob), kämmen, Haare auf Lockenwickler drehen, fönen – über eine Stunde lang.

Sophia ist selig, aber auch Christa genießt das Hantieren der vorsichtigen kleinen Hände in ihren Haaren sehr, mindestens ebenso sehr wie ihre Tochter.

Die Frisur ist hin. Sei’s drum!

Zu viel verlangt

Endlich ist der große Tag da – die Hochzeit von Daniel und Anja. Alles ist mit Liebe und Sorgfalt geplant, und alles klappt wie am Schnürchen. Daniel und Anja kommen durch den Mittelgang der kleinen Schlosskapelle – Daniel in gut sitzendem schwarzem Anzug mit silbriger Krawatte, Anja in einem Kleid aus cremefarbener Seide und mit kunstvoller Hochzeitsfrisur. Vor ihnen geht die dreijährige Lena mit dem Blütenkörbchen. Sie ist genau instruiert, hat alles verstanden und oft geübt. Sie geht vor dem Brautpaar her und streut Blüten auf den Weg.

Nein – sie streut sie nicht! Sie bringt es nicht übers Herz, so herrliche Blüten auf den Weg zu werfen, wo die Leute sie zertreten! Beim Üben waren nie so schöne Blumen im Körbchen gewesen …

Nie, nie wieder

Marie ist für ihre vier Jahre schon sehr verständig und bekommt alles mit. Und nun war Silvesterabend. Es war unübersehbar, dass Großes in der Luft lag, und natürlich wollte Marie nicht ausgeschlossen werden. „Sie ist doch schon vier", überlegte ihre Mutter laut, „und guck mal, wie aufgeregt sie ist. Sie kommt doch gar nicht zur Ruhe!" Zu Marie sagte sie: „Schätzeken, wenn du brav ins Bett gehst und schläfst, dann wecken wir dich zum Feuerwerk, wenn das neue Jahr anfängt."

Marie ist ein vernünftiges Mädchen. Sie ließ sich ins Bett bringen, schlief tief und fest und stand dann etwas verschlafen in ihrem Mäntelchen auf der Straße, während ihr Vater unermüdlich Raketen aufsteigen und Böller krachen ließ. Glücklich sah sie nicht aus, man merkte ihr an, dass sie sich zusammenreißen musste. Sie weinte nicht, aber sie war sichtlich erleichtert, als die Knallerei vorbei war. Wieder in der Wohnung sagte sie sehr bestimmt: „Das machen wir nun aber nie wieder!"

„Meins“

Marit und Jannis verstehen sich gut, fast immer. Aber mit ihren Sachen sind sie eigen, vor allem der kleine Jannis. Was das Wort „meins“ bedeutet, das hat er begriffen. Was „seins“ ist, das verteidigt er, da kennt er weder Schwester noch Freund.

Auf einer längeren Autofahrt wird es auf dem Rücksitz immer unruhiger, bis Jannis plötzlich ruft: „Mama, sag Marit, dass sie damit aufhören soll!“ Die Mutter dreht sich um, sieht die friedliche Marit und fragt: „Was macht sie denn?“ Jannis ist empört: „Die guckt immer aus meinem Fenster!“

Opa in Nöten

Für die Kinder dauerte der Besuch eindeutig zu lange; sie wurden arg quengelig. Besonders die beiden Jungen, der siebenjährige Marc und der fünfjährige Stefan, konnten es kaum noch aushalten, so dass der Großvater sich erbarmte. „Ich gehe mit den beiden ein bisschen an die frische Luft“, sagte er.

Die drei gingen hinter dem Dorf auf einen Feldweg, wo sich die angestaute Unruhe des Kleinen Luft machte: Er riss sich los und lief auf das Feld. „Stefan! Komm zurück!“, schrie der Großvater. Stefan lief weiter; er drehte sich nur kurz um und rief: „Ich hau’ ab.“

Marc kannte seinen Bruder. Noch während der Großvater dem kleinen Ausreißer ratlos hinterher sah, rief Marc aufgeregt: „Renn, Opa, renn! Der macht das wirklich!“

Kein Durchblick

Zwei junge Frauen und ein ungefähr vierjähriges Mädchen gingen durch den Park. Die Frauen unterhielten sich angeregt, und das Kind trottete nebenher – und geriet dabei immer mehr aus der Spur. Bevor es endgültig vom Weg abkam, fasste die Mutter es kurz an den Schultern und drehte es wieder in die richtige Richtung.

Nun kam das Mädchen nach der anderen Seite vom Weg ab. „Guck doch, wohin du läufst!", mahnte die Mutter ein wenig ungehalten. Ihre Freundin lachte. „Kann sie doch gar nicht!", rief sie und schob dem Mädchen die Mütze nach hinten – die fast ganz über die Augen gerutscht war.

Vaters Gruppe

Eberhard hat seine fünfjährige Tochter Lucia heute zum ersten Mal mit in die Firma genommen. Lucia ist verwirrt. Ihr geliebter Vater – hier ist er ihr ganz fremd. Die unbekannte Umgebung, in der er sich so sicher bewegt; so viele Leute, mit denen er vertraut spricht ... Lucia kann das alles überhaupt nicht einordnen und ist zunehmend verunsichert.

Bis sie endlich in Vaters Büro angekommen sind. Hier hat Lucia wieder Boden unter den Füßen, hier erkennt sie auch ihren Vater wieder. „Gut, dass wir jetzt in deiner Gruppe sind!", sagt sie erleichtert.

Eberhard stutzt, aber schlagartig wird ihm klar: Gruppe – damit meint Lucia sein Büro. Sie kennt doch nur ihr Zuhause und den Kindergarten. Und außerhalb ihres Zuhauses ist das Vertraute, das ihr das Gefühl von Geborgenheit und Schutz gibt, eben ihre Gruppe im Kindergarten mit der Erzieherin und auch dem Gruppenraum – kurz: die Gruppe.

Die Zirkusprinzessin

Herr Groß ist nicht sehr sportlich, und Frau Groß ist sogar ausgesprochen unsportlich. Aber ihre fünfjährige Tochter Lisa ist derart geschickt und gelenkig, dass sie „Zirkusprinzessin“ genannt wird – ein Name, der ihr außerordentlich gefällt. Der Zirkus ist ihre ganze Liebe.

Logisch, dass wir ihr zum Geburtstag ein Bilderbuch schenkten, in welchem ein kleines Mädchen ausreißt und sich unbemerkt einem Zirkus anschließt. Natürlich suchen die Eltern das Kind und finden es, und ebenso natürlich ist das Kind glücklich, mit den Eltern wieder nach Hause gehen zu können – obwohl es von den freundlichen Zirkusleuten nur schwer Abschied nehmen kann.

Für Lisa war all das überhaupt nicht natürlich. So schön die Geschichte auch dargestellt war, Lisa konnte sich mit ihrem Ausgang nicht anfreunden. Ihr einziger Kommentar: „Das hätte ich besser gemacht!“

Kein passender Vergleich

Ein zäher Bursche war er, der kleine Max, Sohn eines Schwarzwaldbauern. Mit seinen fünf Jahren erkundete er neugierig Haus und Ställe und durchstreifte furchtlos die Wälder um den elterlichen Hof. Jede Art von Wehleidigkeit war ihm fremd; Brennnesseln und blutige Schrammen achtete er gering, und wenn er in seinem Element war, dann konnten ihn nicht einmal Wespenstiche bremsen.

Als Christa, die als Gast auf dem Hof seiner Eltern ihre Sommerferien verbrachte, ihn dabei beobachtete, wie er schnell und geschickt eine mächtige, tiefbeastete Fichte am Wegrand hochkletterte, rief sie ihm staunend und voll Anerkennung zu: „Du bist ja das reinste Eichhörnchen!"

Er, Max, ein schon fast großer Junge, der vor nichts und niemand Angst hatte, sollte so ein kleines, scheues Tierchen sein? Niemals! „Noi", rief er von oben zurück, „'sch bin a Rähbock!"

Das Gästebett

Der vierjährige Laurenz ist aufgeregt: Zum ersten Mal wird er bei seiner Tante schlafen. Er freut sich, und Angst hat er fast gar keine, denn seine Mutter ist mit dabei. Doch schon sehr bald nach der Ankunft bei Tante Cornelia bringt Laurenz die Sprache auf die geplante Übernachtung. Er hat nämlich ein Anliegen: Er möchte gerne sein Bett sehen.

Dieser Wunsch kann ihm leicht erfüllt werden. Tante Cornelia zeigt ihm das Gästezimmer und in der Ecke sein Bettchen, das sie liebevoll zurechtgemacht hat. Laurenz sieht sich das Bettchen nur kurz an, dann ist er offensichtlich zufrieden. Er wendet sich zum Gehen und stellt beruhigt fest: „Keiner drin!“

Zu viele Ideen

So ein Ferientag will gut geplant sein. Vater, Mutter und Tante Cornelia beratschlagen; der fünfjährige Laurenz hört gespannt zu. Der Vater möchte an diesem schönen Sommertag gerne schwimmen gehen. Schwimmen – das hat Tante Cornelia noch nie gereizt; sie schlägt einen Besuch im Zoo vor. Auch die Mutter neigt eher zum Zoobesuch.

Vor- und Nachteile werden abgewogen, und dabei wird immer klarer: Einigkeit wird heute schwer zu erzielen sein. Der kleine Laurenz beobachtet das mit Sorge.

Die Erwachsenen haben sich entschieden: Man wird sich heute mal trennen. Die Mutter fragt Laurenz: „Möchtest du mit Tante Cornelia und mir in den Zoo, oder möchtest du lieber mit Papa schwimmen gehen?“ Das ist Laurenz eigentlich recht gleichgültig, aber auf gar keinen Fall möchte er, dass sich die Familie trennt. Er denkt kurz nach, dann geht ein Leuchten über sein Gesicht: „Ich hab’ eine gutere Idee: Wir gehen alle zusammen erst in den Zoo und dann schwimmen!“

Das Schienbein

„Die Natur gleicht manche Schwächen aus", sagt der Lehrer. „Blinde können zum Beispiel oft besser hören oder riechen als Sehende." „Stimmt", ruft Paul. „Bei meinem Bruder ist das ganz ähnlich. Sein linkes Bein ist zu kurz, dafür ist das rechte länger."

Ein alter Witz, zugegeben. Aber Beine können nicht nur unterschiedlich lang, sondern auch sonst sehr verschieden sein. So hat der Mensch ein rechtes und ein linkes Bein, ein Stand- und ein Spielbein und manchmal sogar ein Schussbein. Außerdem hat er ein richtiges und ein falsches Bein – letzteres gilt allerdings nur für das morgendliche Aufstehen. Und dann gibt es noch das Schienbein …

Weinend kommt die kleine Emma angehumpelt. „Hab' mich so furchtbar an dem dummen Hocker gestoßen", klagt sie. „Wo denn, am Schienbein?", fragt die Mutter. „Nein", schnieft Emma, „am linken Bein." Denn das Schienbein, so viel ist Emma klar, das Schienbein ist doch das rechte Bein!

Fehlt da nicht was?

Männer und Frauen sind unterschiedlich. Gott sei Dank! Sonst wäre das Leben weit weniger reizvoll – auch wenn unsere alte Nachbarin im Bergischen sagte: „Use Herrjott hätt dat verkeht jemaat, dat hä zweierlei Minschen jemaat hätt." Diese Meinung muss man ja nicht teilen!

Mit dem Wissen um die körperlichen Unterschiede kommt man jedoch nicht auf die Welt; sie wollen entdeckt werden. – So sagte Benedikt zu seiner Großmutter, als das Gespräch auf sein Schwesterchen kam: „Oma, Jungen und Mädchen sehen doch ganz verschieden aus, nich'?" „Ja?", fragte die Großmutter ängstlich gespannt – sie hätte das Thema gern vermieden. „Ja", bestätigte Benedikt, „ich finde, Mädchen haben ein anderes Gesicht!"

Man kann nicht widersprechen. Eindeutig auf dem Holzweg aber war die kleine Nichte meines Freundes Armin, als sie beim Baden zum ersten Mal einen nackten Jungen sah. Verwundert betrachtete sie den kleinen Jungen, dann sah sie an sich selbst hinunter und stellte fest: „Appenitten."

Langer Abschied vom Klapperstorch

„Puuh!“, sagte Simone, als sie wieder ins Wohnzimmer kam. Sie sah etwas erhitzt aus und strich sich eine Haarsträhne aus der Stirn. „Sowas kommt immer zur falschen Zeit.“ Gerade hatte sie den kleinen Jonas zu Bett gebracht.

„Was war denn?“, fragte ihre Freundin Nicole. Simone setzte sich. „Jonas wollte wissen, wo die Babys herkommen. Ich hab’ mir wirklich alle Mühe gegeben, aber heute Abend hat er mich doch auf dem falschen Fuß erwischt.“

„Na“, meinte Nicole, „einmal musste es ja kommen. Jetzt hast du es wenigstens hinter dir.“ „Da wär’ ich nicht so sicher“, entgegnete Simone. „Ich hab’ es ihm schon zweimal erklärt, und jedes Mal hat er es wieder vergessen!“

Vergebliche Liebesmüh

Lea ist fünf Jahre alt und weiß, dass sie ein Schwesterchen bekommen wird. Sie hat es sich sehnlichst gewünscht und kann es kaum noch erwarten. Aber es dauert so schrecklich lange …

Die Großmutter will Lea in ihrer quälenden Ungeduld ein bisschen helfen und sagt: „Du musst abends ein paar Zuckerstückchen auf das Fensterbrett legen, das lockt den Klapperstorch an." Klapperstorch!! – Zucker!!! – Lea schüttelt unwillig den Kopf, aber – sie will nichts unversucht lassen. Sie legt zwei Stückchen Zucker auf die Fensterbank, und – siehe da – am nächsten Morgen sind sie weg. Also doch!

Nach drei Wochen, in denen Lea eifrig Zuckerstückchen für den Klapperstorch bereitgelegt hat, bekommen Kochs im Nachbarhaus Nachwuchs. Lea läuft zu ihrer Großmutter. Sprachlich noch nicht ganz perfekt, aber umso empörter sagt sie: „Der Klapperstorch ist ein Indiot! Bei uns holt er sich die Zückerchen, und zu Kochs bringt er das Baby!"

Schändlich betrogen

Was hatte man ihm nicht alles versprochen, jetzt, da es Mama oft nicht so gut ging und sie so wenig Zeit für ihn hatte. „Wenn das Brüderchen erst da ist“, hatten sie ihm gesagt, „dann wird es für dich ganz wunderschön. Du hast immer einen, der mit dir spielt, du kannst deinem kleinen Bruder alles zeigen und erklären, ihr könnt euch gegenseitig helfen, du bist nie mehr allein, abends geht ihr zusammen schlafen und wenn das Brüderchen etwas größer ist, geht ihr morgens zusammen in die Schule …“

Und jetzt sieht Mathis verbittert auf das entsetzlich schreiende Etwas in dem Kinderbettchen hinunter, das ganz offensichtlich außer schlafen, schreien und am Fläschchen nuckeln überhaupt nichts kann. „Und das soll ein Brüderchen sein“, sagt er vorwurfsvoll.

Schritte ins Leben

Das Vorbild

Kinder lernen richtiges Verhalten und gutes Benehmen, indem sie den Erwachsenen nacheifern. –

Ein zehnjähriger Junge ging auf einer Oldtimerveranstaltung zu einem Stand mit Modellautos. Er sprach den Verkäufer an, der Schachteln mit Automodellen auspackte und auf seiner Theke aufbaute: „Entschuldigen Sie bitte, haben Sie auch ferngesteuerte Autos?" Der Verkäufer blickte kaum auf. „Nein", sagte er kurz. Der Junge war sichtlich enttäuscht und brauchte auch ein paar Sekunden, um seine Enttäuschung zu überwinden. Eine Weile blieb er noch unschlüssig vor dem Stand stehen, aber bevor er dann ging, sagte er höflich: „Danke schön." Der Erwachsene sah nicht mehr hoch. An ihm nimmt sich der Junge hoffentlich kein Beispiel.

Mein und Dein

In Kindertagen brachte ich einmal meiner Großmutter ein Blümchen mit nach Hause. Sie freute sich, aber als ich ihr erzählte, dass die kleine Blume beim Nachbarn unter der Hecke hervorgewachsen sei, freute sie sich nicht mehr. Auch wenn es nur eine kleine Blume sei, sagte sie, gehöre sie doch dem Nachbarn und ich dürfe sie nicht pflücken.

Lieber Himmel, wie kleinlich, denken Sie? Stimmt! Und auch wieder nicht.

Meine Nichte Jessica fand ein Smartphone. Sie hat es behalten. Das würde doch jeder machen, erklärte sie. Sie selbst würde auch nicht damit rechnen, ein verlorenes Smartphone wiederzubekommen. Glück gehabt …

Ein Einzelfall? Von wegen! Modernen Fünftklässlern, stellte Susanne heute fest, ist es nicht zu vermitteln, dass sie eine wertvolle Münze, die ihnen ein Verkäufer auf dem Flohmarkt aus Versehen mit eingepackt hat, nicht behalten dürfen. Wieso denn nicht …

Offenbar ist der Sinn für Recht und Unrecht nicht angeboren. Die Generation meiner Großmutter wusste das noch.

Tauschgeschäfte

Der sechsjährige Lukas kommt zu seinem Vater: „Papa, ich weiß, was ich mach'! Ich geb' dem Timo mein Fahrrad, und der Timo gibt mir dafür seinen Fußball." Lukas hat nämlich zum Geburtstag ein Fahrrad bekommen, aber das Fahrradfahren hat für ihn bisher noch keinen sehr großen Reiz. Dagegen ist Lukas ein guter und leidenschaftlicher Fußballspieler.

Dem Vater steht im Moment der Sinn nicht nach langen Erklärungen. „Nein, das machst du nicht", sagt er kurz, „mit deinen Freunden wird nichts getauscht!"

Eigenartig – Lukas scheint gar nicht sehr enttäuscht, nicht einmal verwundert. „Kann man aber", entgegnet er nur und hat dabei einen leicht fragenden Tonfall. „Ja, so etwas kann man schon machen, und die Erwachsenen tun das manchmal auch, aber du behältst das neue Fahrrad."

Lukas zieht zufrieden davon, und mir wird klar: Er wollte gar nicht wirklich tauschen; ihm ging es um das Prinzip.

Mit der Polizei im Einsatz

Manchmal hat der erst achtjährige Claas Marotten wie ein Alter. So liegt er zum Beispiel in der elterlichen Wohnung im ersten Stock gerne mit verschränkten Armen im offenen Fenster und beobachtet das Treiben unten auf der Straße.

Bei so einer Gelegenheit sah er, wie unten zwei schwere Polizeimotorräder hielten, von denen Polizeibeamte abstiegen. Claas rief zu den Polizisten hinunter: „Was macht ihr da?" Die Antwort war knapp und korrekt: „Allgemeine Verkehrskontrolle." Jetzt gab es für Claas kein Halten mehr: „Wartet, ich komm' runter!", schrie er.

Schöner konnte der Morgen nicht werden. Unsere Freunde und Helfer setzten den Jungen auf ein Motorrad und erklärten ihm geduldig die Technik der Maschine, den Polizeifunk und ihren Einsatz bei der Verkehrskontrolle. Für das Bild der Polizei in der Öffentlichkeit konnten die Beamten an diesem Morgen sicher nicht mehr tun.

Der Rodaster

Lange hatte Louis überlegt, ob er sich von seinem Weihnachtsgeld den 911er oder doch lieber den Rodaster kaufen sollte. Sicher, der legendäre Elfer war kaum zu schlagen, aber allein das herrliche Wort „Rodaster“! Louis sagte es andächtig vor sich hin; dabei hörte er geradezu den aggressiven Klang des Sportmotors.

Er geriet ins Träumen: „Hinter der Kurve scherte der weiße Mercedes 280 Rodaster aus und zog mit überlegener Kraft an dem roten Porsche 911 Coupé vorbei ...“ Louis studierte noch einmal den Spielzeugkatalog, als er plötzlich erschrak: Da stand ja gar nicht Rodaster, da stand Ro-a-dster.

Louis war maßlos enttäuscht. Das klang ja nach gar nichts mehr, schlimmer noch, man konnte es kaum aussprechen. „Was ist das denn für ein komisches Wort?“, fragte er seinen Vater. „Das ist Englisch“, entgegnete Louis' Vater, „Roadster ist eine besondere Karosserieform, genau wie Coupé auch.“

„Ach sooo“, meinte Louis. Dann doch lieber den Porsche. Der Mercedes Rodaster war entzaubert.

Erster!

Der Erste kriegt den besten Platz, der Schnellste das größte Stück ... Louis mit seinen sieben Jahren ist gerne und unbefangen Erster. Der Erste an der Tür, wenn's klingelt, als Erster mit dem Essen fertig – es gibt so viele Gelegenheiten, Erster zu sein. Auch beim Autofahren ist Louis gerne Erster; er freut sich, wenn Papa schneidig überholt oder beim Ampelstart „gewinnt". Nur einmal, bei einer sonntäglichen Spazierfahrt, hat Louis die Situation nicht ganz richtig eingeschätzt. „Mama, Papa", ruft er stolz von hinten, „wir sind Erster von einer ganz langen Schlange!"

Kämmen – wozu?

Ein Zirkus war in der kleinen Stadt und zog – wie könnte das anders sein – Stefan und Marc magisch an. Sie lungerten bei den Zirkuswagen herum und sahen zu, wie ein Mädchen ein Pony hingebungsvoll striegelte. Nun wurde der Schweif mit einer Bürste gekämmt, wieder und immer wieder.

Marc wurde das zu langweilig. „Reicht das denn immer noch nicht?“, fragte er. „Du kämmst dich doch auch“, entgegnete das Zirkusmädchen. Marc fuhr sich mit der Hand durch die Haare. Sofort standen seine kurzen Bürstenhaare wieder aufrecht, wie vorher auch, wie sie immer standen. „Kämmen?“, lachte er, „nee!“

Auf den Kopf gestellt

Julia ist sechs Jahre alt und geht ins erste Schuljahr. Sie ist interessiert und lernt sehr ordentlich, aber übermäßig fleißig ist sie nicht. Anders ihre fünfjährige Schwester Louisa. Die brennt geradezu darauf, Lesen zu lernen. Wenn Julia ihre Hausaufgaben macht, setzt sich Louisa neben ihre Schwester und lässt sich die Buchstaben zeigen und erklären.

Das soll sie nicht. Sie soll die Große nicht ablenken, und außerdem soll sie im nächsten Jahr mit ihren Klassenkameraden zusammen lernen. Es wäre doch nicht gut, wenn es ihr in der Schule langweilig würde. Also setzen die Eltern Louisa an die andere Seite des Tisches, Julia gegenüber.

Zwecklos! Anstatt zu spielen, schaut Louisa immer noch bei ihrer Schwester in die Bücher und Hefte. Inzwischen kann sie schon ganz geläufig auf dem Kopf lesen.

Skorbut

Julia und Louisa sind ganz schlechte Esser. Gemüse mögen beide gar nicht, und nicht einmal mit Obst kann man sie locken. Selbst bei Kuchen reagieren sie für Kinder untypisch: „Mama, ich möchte aber das kleine Stück!"

Als das Quengeln wieder mal kein Ende nimmt, reißt der Mutter der Geduldsfaden: „Wenn ihr kein Obst esst, bekommt ihr Skorbut!", droht sie. „Skorbut? Was ist das?" „Das ist eine schlimme Krankheit. Die bekamen früher die Seefahrer, weil sie auf den Schiffen monatelang kein frisches Obst und Gemüse essen konnten. Man wird ganz schlapp, und es fallen einem die Zähne aus!"

Eine recht drastische Erziehungsmaßnahme – die jedoch bei Julia und Louisa völlig verpufft. Das sind ja hochinteressante Geschichten: Seefahrer, die über die Weltmeere segeln und denen die Zähne ausfallen, weil sie kein Obst bekommen – fast sind die beiden Mädchen geneigt, das selbst einmal auszuprobieren.

Geteiltes Leid …

Vorsichtig tasten sich die achtjährige Sophia und ihre beste Freundin Charlotte an den Rand der Baugrube. Neugierig beugen sich die Mädchen vor, um hineinzusehen – da gibt der Boden nach, Sophia verliert den Halt und rutscht in die Grube. Es ist ihr nichts passiert, aber an den steilen, feuchten Lehmwänden aus der Grube herausklettern – das kann sie auch nicht.

Charlotte ist starr vor Schreck. Aber dann? Versucht sie, Sophia aus der Grube herauszuhelfen? Ruft sie um Hilfe? Läuft sie, die Eltern zu holen? Nein – so weit denkt sie nicht. Sie sieht ihre Freundin hilflos und allein unten in der Grube – da gibt es für sie nur eins: Sie fasst sich ein Herz und springt hinterher.

Das doppelte Lottchen

„Wirklich apart, wie Frau Ambach ihr Lottchen anzieht“, denkt Christa, „ein ganz eigener Stil!“ Lottchen oder Charlotte ist die beste Freundin ihrer Tochter Sophia. Jetzt steht Christa in der Tür und sieht den Mädchen nach, die fröhlich winkend in den sonnenhellen, aber eisig kalten Januartag hinein verschwinden. „Wie ähnlich die beiden doch sind“, denkt Christa noch, „gleich groß und schlank und dazu die gleichen mittellangen, dunklen Haare.“

Als es dämmert, sieht Christa die Kinder den Gartenweg heraufkommen. Zuerst Lottchen und dann – sie traut ihren Augen nicht – noch einmal Lottchen! Eindeutig! Erst als Charlotte Nummer eins näherkommt, erkennt sie: Es ist ihre Sophia – in Charlottes Kleidern!

Die Erklärung ist einfach: Die Mädchen hatten versucht, ob das Eis auf Ambachs Gartenteich schon hält – und dabei war Sophia eingebrochen. Um den Freundinnen den Tag zu retten, hatte die praktische Frau Ambach die weinende und tropfende Sophia rasch umgezogen.

Der Sonnenstich

„Spiel doch ein bisschen im Schatten“, ruft der besorgte Großvater. Die Sonne brennt so gnadenlos vom wolkenlosen Julihimmel und die hellhäutige kleine Pia sieht so erhitzt aus, dass man die Sorge des Großvaters verstehen kann. „Mach langsam“, fordert er Pia jetzt auf, „racker dich nicht so ab. Du bekommst noch einen Sonnenstich!“

Einen Sonnenstich? Mückenstiche, Wespenstiche – die kennt Pia. Vor allem letztere tun gemein weh. Aber wie soll die Sonne stechen? Das muss ihr der Großvater erklären. Er versucht es, so gut es geht. Man wird ganz benommen, so schildert er, und es wird einem furchtbar schlecht. Man fühlt sich schwach und elend. Aber weh – nein, weh tut es eigentlich nicht.

„Geht nicht immer in die pralle Sonne“, rät Pia am nächsten Tag ein wenig altklug ihren Freundinnen, „sonst bekommt ihr einen Sonnenstich! Das tut zwar nicht weh, aber man merkt es doch!“

Unterschätzt

Es ist ein umsichtiger kleiner Kerl, der da die schnelle Straße am Dorfeingang überqueren will. Vorsichtig bleibt er am Rand des Bürgersteigs stehen, beide Füße exakt nebeneinander an der Bordsteinkante – man sieht, so hat er es gelernt. Er guckt nach links und nach rechts, dann zockelt er gemächlich los. Das Auto hat er wohl gesehen, aber das ist weit weg.

Drei, vier Sekunden später befindet sich der Junge noch mitten auf der Straße, aber das Auto ist inzwischen bedenklich nahe gekommen. Gleich wird es den Jungen überfahren …

Nein, der Junge wurde nicht überfahren, dieser Junge nicht. Der Autofahrer bremste kurz, und unser Junge schreckte auf und begann zu rennen. Wirklich gefährlich war es nicht gewesen, in diesem Fall nicht, denn die Straße war übersichtlich und wenig befahren, und der Autofahrer hatte aufgepasst.

Kleine Kinder, lese ich immer, können Geschwindigkeiten nicht einschätzen. Stimmt, dachte ich.

Schlicht ist schön

„In Altenberg, Papa?“, mischt sich Louis ins Gespräch seiner Eltern ein. „War das nicht da, wo uns der Polizist angehalten hat? Wegen der Schildlampe?“ „Polizist? Angehalten?“, fragt sein Vater. „Ja, wegen der Schildlampe“, will Louis seinem Vater auf die Sprünge helfen, „die brannte doch nicht mehr!“

Noch ganz in Gedanken beim Gespräch über Altenberg versucht sich der Vater zu konzentrieren. „Schildlampe?“, fragt er gedehnt. „Was meinst du mit Schildlampe?“ Nun ist es an Louis, sich zu wundern. So begriffsstutzig ist sein Vater doch sonst nicht. „Hinten am Auto ist doch das Nummernschild“, erklärt er geduldig, „und dafür gibt es doch eine Lampe, für nachts!“ Endlich fällt der Groschen. „Ach, du meinst die Kennzeichenbeleuchtung“, ruft der Vater erleichtert.

Nachdenklich sieht die Mutter die beiden an. „Kennzeichenbeleuchtung“, sagt sie, jede Silbe betonend. „So ein Wortungetüm. Eigentlich ist das Wort ‚Schildlampe‘ viel einfacher und schöner.“

Das (Un)Kraut

Vier Wochen Ferien im Schwarzwald auf dem Bauernhof! Abfahrbereit sitzt die Familie im Auto. Der Vater schließt nach einem letzten prüfenden Blick die Kofferraumklappe, steigt ein und lässt den Motor an. In diesem Moment entdeckt Louis ein Pflänzchen, das zwischen Bürgersteig und Hauswand hervorlugt. Mit einem eigenartigen Gefühl aus Vorfreude und leiser Wehmut betrachtet er die Pflanze während der Abfahrt – das letzte, was er von seinem Zuhause sieht, bevor er den Blick wieder nach vorn wendet …

Nach vier Wochen kommt die Familie nach anstrengender Fahrt wieder zuhause an. Gerührt sieht Louis neben der Haustür sein Pflänzchen, inzwischen eine recht stattliche Pflanze. „Guck mal“, sagt er zu seiner Mutter, „die kleine Pflanze habe ich bei unserer Abfahrt gesehen; sie ist immer noch da!“ Die Mutter schweigt. „Nicht schön?“, fragt Louis etwas erstaunt. Nein, das findet die Mutter nicht. „Hätte in den vier Wochen ja mal einer wegmachen können“, antwortet sie.

Einmalig

Am 24.12. hat Louis Geburtstag. Seit er denken kann, ist er stolz auf seinen besonderen Ehrentag, und es hat ihm auch nie etwas ausgemacht, dass sein Geburtstag „geschenketechnisch“ als ungünstig gilt.

Aber nun gerät sein Geburtstagsstolz in eine schwere Krise. Er hat doch tatsächlich jemanden kennengelernt, der auch am 24.12. Geburtstag hat. Er könnte nicht verstörter sein; er fühlt sich wie eine Frau, die bei einem Empfang eine andere Frau entdeckt, die das gleiche Kleid trägt.

Und dann sagt sein Vater auch noch, dass das gar nichts Ungewöhnliches sei. In seiner kleinen Heimatstadt hätten ungefähr sechzig Menschen am 24.12. Geburtstag – statistisch gesehen. Und in ganz Deutschland ... Louis hört nicht mehr hin. Sein schöner, einmaliger Geburtstag!

Der Frühaufsteher

Es war in den Weihnachtsferien, als Louis nachts wach wurde. Schlaftrunken griff er nach seiner Armbanduhr – schon zwanzig nach sieben. In einer halben Stunde würden die Eltern aufstehen. Na, die würden sich wundern, wenn er schon fertig wäre! Sonst war er nämlich immer der letzte.

Leise stand er auf, leise schlich er ins Badezimmer, vergaß auch nicht das Zähneputzen, leise zog er sich an – es war gut gegangen. Niemand war wach geworden, alles war ruhig geblieben; das hatte er kaum zu hoffen gewagt. Louis saß in seinem Zimmer und begann sich zu wundern. Jetzt müsste es im Haus doch lebendig werden! Aber es blieb nächtlich still. Eine Weile wartete er noch, dann wurde ihm klar: Hier stimmt etwas nicht. Nichts Gutes ahnend griff er zu seiner Uhr. Es war zwanzig nach zwei! Er hatte die Uhr vorhin falsch herum gehalten.

Entscheidungsfreiheit

Louis und Sophia sollen neue Bettvorleger bekommen. Die Kinder sind nun alt genug, um mitentscheiden zu können, und so fragt der Vater, als er Louis von den Großeltern abholt: „Wir haben für euch Bettvorleger gekauft. Es gab vier Farben: Rot, Blau, Gelb und Grün. Welche hättest du denn am liebsten?“

„Blau“, sagt Louis sofort. Der Vater meint: „Das Blau war überhaupt nicht schön, so richtig tintig. Das hätte dir bestimmt nicht gefallen. Den blauen haben wir gar nicht mitgenommen.“

„Dann grün!“, entscheidet Louis. „Den grünen, Louis, den haben wir auch nicht gekauft. Weißt du, Grün beißt sich schrecklich mit euren Vorhängen. Den konnten wir nicht nehmen!“

„Hmm“, Louis denkt nach, „ja, wenn das so ist – gelb!“ Der Vater guckt etwas unglücklich. „Ja, der gelbe ist wirklich schön. Den haben wir gekauft. Aber den hat sich deine Schwester Sophia nun schon ausgesucht …“

Kinderglück

Wann sind sie eigentlich verschwunden, die Kaugummiautomaten, die früher an jeder Straßenecke in kindgerechter Höhe angebracht waren? Ich sehe die bunten Kugeln im Glasbehälter und den Drehgriff mit der Öffnung für den Groschen noch vor mir. Das Schönste aber waren die winzigen Spielsachen, die der Automat ab und zu ausspuckte. Kleine Figuren gab es, Fingerringe und auch sonst allerlei Tand – genug, um Kinderherzen höherschlagen zu lassen.

Sophia lechzte nach diesen Herrlichkeiten, aber wie selten bekam sie einen Groschen, um ihr Glück zu versuchen! Die Eltern hielten nicht viel von diesen schmuddeligen Automaten, die Hunderte von Kinderfingern malträtiert hatten, und noch viel weniger von den billigen Kaugummis.

So gerne hätte Sophia den kleinen Ring gehabt, den sie zwischen den bunten Kugeln entdeckt hatte, doch heute ließ sich die Mutter gar nicht erweichen. „Wenn ich mal Kinder hab'", schniefte Sophia unglücklich, „dann schick' ich die immer an 'nen Automaten!"

Das Auge isst mit

So sehr hatte sich Tobias auf den Besuch bei Onkel Benno und Tante Maria gefreut, und nun das! Die Enttäuschung stand ihm ins Gesicht geschrieben. Bei Tante Maria gab es nämlich immer einen Obstboden mit Ananas, das wusste er. Aber was stand heute auf dem schön gedeckten Tisch? So etwas eigenartig Blassrotes, gar nicht Appetitliches? So sah doch keine Ananas aus??

Onkel Benno bemerkte sein langes Gesicht und sagte mit ernstem Gesicht: „Nein, heute gibt es keinen Ananaskuchen. Das sind Rübchen. Ganz was Besonderes. Feine niederrheinische Rübchen."

Der eigenwillige Humor von Onkel Benno machte Tante Maria immer etwas verlegen. Schnell erklärte sie: „Nein, nein, natürlich sind das Ananasstücke, wie sonst auch. Nur eben mit rotem Tortenguss. Ich hatte keinen anderen mehr, das hab' ich aber zu spät gemerkt."

Tobias war erleichtert – aber nicht so ganz. Beim näheren Hinsehen stellte er fest: Es war tatsächlich Ananas. Aber so gut wie sonst schmeckte ihm der Obstkuchen nicht.

Nicht stolz

Der siebenjährige Timo balanciert auf einem schmalen Mäuerchen, beobachtet von seinen Eltern. Da kommt ihm ein anderes Kind entgegen. Was nun, denkt Timo, der andere oder ich? Timo geht entschlossen weiter, und bevor es zum Zusammenstoß kommen kann, gibt der andere Junge nach und springt von dem Mäuerchen.

Timo balanciert bis zum Ende der Mauer, dann läuft er zu seinen Eltern zurück. Erstaunt bemerkt er, dass seine Mutter gar nicht freundlich guckt. „Konntest du denn dem anderen Jungen keinen Platz machen?“, fragt sie. „Musstest du ihn von der Mauer drängen? Der ist doch kleiner als du!“

Timo fällt aus allen Wolken. Ja, so kann man das auch sehen. So muss man es wohl sehen. Und er hatte geglaubt, seine Eltern seien stolz auf ihn, weil er sich nicht hatte unterkriegen lassen.

Ein Puppenspiel

Der Kinderarzt Dr. Witte hält viel von Psychologie. Geduldig versucht er, psychischen Ursachen von kindlichen Erkrankungen auf den Grund zu kommen – und dafür hat er seine Methoden.

„Mira“, sagt er, „siehst du die beiden Puppen hier? Das wären jetzt mal Mama und Papa. Setz die Puppen doch mal auf das Sofa da drüben!“

Als sich der Arzt dem Kind wieder zuwendet, sitzen die Puppen auf dem Sofa – Mama in der einen Ecke, Papa in der anderen. Das hat er befürchtet. Er hält Miras Mutter einen längeren Vortrag über die Bedeutung der familiären Harmonie für die gesunde Entwicklung des Kindes.

Auf dem Heimweg sind Mutter und Kind recht schweigsam, bis Mira plötzlich sagt: „Das war richtig doof mit den Puppen eben. Die waren so wackelig, die kippten immer wieder um. Ich musste jede in eine Ecke setzen, damit sie überhaupt Halt hatten!“

Zuversichtlich

Jochen und Birte waren mit dem zehnjährigen Nico und der achtjährigen Jana zu Besuch auf dem Bauernhof. Die Kinder waren selig: Sie hatten mit den Hunden gespielt, die Eintagsküken bewundert, die Kaninchen gefüttert und waren nun, nach dem Abendessen, so müde, dass sie nebeneinander auf dem Sofa einschliefen.

Die Bäuerin betrachtete dieses friedliche Bild und meinte ein bisschen traurig: „Jetzt schlafen sie so schön, aber in ein paar Jahren …“ Birte schaute auf. „Ja, was ist dann?“, fragte sie. „Na, dann kommen sie doch in die Pubertät und dann wird es ganz furchtbar …“

Diese Befürchtung ist nur zu verständlich; schließlich wird sie von den allermeisten Eltern geteilt. Nicht jedoch von Birte; sie widersprach ihrer Gastgeberin lebhaft: „Was soll da furchtbar werden? Das wird überhaupt nicht furchtbar. Bei Nico und Jana ging es gut, als sie in der Trotzphase waren, und in der Pubertät wird es auch gut gehen!“

Verlorener Glückspfennig

„Gestern habe ich doch tatsächlich im Wechselgeld noch einen echten Pfennig gefunden“, sagte Eberhard. „Und“, fragte ich, „hast du ihn behalten?“ „Nee“, antwortete Eberhard, „war ja nur ein ganz normaler Pfennig. Aber ich hab' als Kind mal einen ganz seltenen gehabt, von 1948. Den wollte ich auf jeden Fall aufheben.“

So einen habe ich auch noch, denn das ist ja wirklich etwas Besonderes. Aber – hatte Eberhard nicht „wollte“ gesagt? Ich fragte also nach: „Hast du ihn denn nicht mehr?“ „Nein“, sagte Eberhard gedehnt, „den habe ich damals auf die Sparkasse gebracht, zusammen mit meinem gesparten Geld.“ „Auf die Sparkasse ...?“ „Ja, weißt du, ich war doch erst acht Jahre alt. Und ich wollte unbedingt Zinsen bekommen. Der alte Pfennig war mir ja sicher, man hatte mir doch erklärt, dass man das Geld, das man einzahlt, auch wieder zurückbekommt ...“

Rechts-links

„Rechts!“, sagte mein Freund Reinhard und zeigte nach links. „Da musst du dich schon entscheiden“, antwortete ich. Reinhard schaute mich perplex an, bevor er verstand.

„Links!“, sagte ich. „Geht doch nicht“, entgegnete Uta etwas nervös, „links ist eine Einbahnstraße!“ Das rote Schild mit dem weißen Querbalken stand jedoch eindeutig rechts. Ich zeigte es Uta und sagte: „Nee, links können wir“, worauf sie ungeduldig, aber mit einem kleinen Lachen sagte: „Ach, rechts-links!“

Als Kind konnte ich mir lange nicht merken, wo rechts oder links ist, und der dämliche Satz: „Rechts ist, wo der Daumen links ist!“ half mir auch nicht weiter, dagegen – eine Nagelbettentzündung im dritten Schuljahr. Ich bekam einen dicken Verband am rechten Mittelfinger und konnte eine Woche lang nicht schreiben. Das war der Durchbruch: Verband gleich rechts.

Erwachsen werden

Ein weiter Weg

Nein, wie schnell die Kinder groß werden! Soeben hören wir, dass Anna ihr Literaturstudium abgeschlossen hat. Die kleine Anna! Eine fertige Literaturwissenschaftlerin! Gerade war sie doch noch vier gewesen und konnte noch immer das „sch" nicht richtig aussprechen. Wie viele kleine Kinder sagte sie „ssön" – was in den Ohren ihrer Eltern so niedlich klang, dass sie es nicht verbesserten.

Anna aber merkte sehr wohl, dass es mit ihrer Aussprache noch ein wenig haperte – und sie ärgerte sich. „Ich kann gar nicht richtig „Ssiff" sagen", klagte sie, „ich muss immer „Ssiff" sagen!"

(K)ein Fauxpas

Die zwölfjährige Daisy aus Kanada spricht recht gut Deutsch – kein Wunder, denn ihre Mutter ist in Paderborn geboren. Nun ist Daisy in den Sommerferien mit ihren Eltern bei den deutschen Verwandten zu Besuch. Das westfälische Essen schmeckt ihr – zur Freude ihrer Tante, die ihr noch einen Nachschlag geben will. Doch was zu viel ist, ist zu viel: „Danke, Tante Rosemarie“, sagt sie, „ich bin voll!“

Ihre Tante sieht ein wenig pikiert aus, so dass ihre Mutter schnell sagt: „Daisy, das sagt man nicht, nicht in Deutschland!“ Daisy ist verstört – sie will in dem fremden Land doch alles richtig machen. Zu Hause in Kanada sagen doch alle: „I am full“, wenn sie satt sind. Aber wenn das in Deutschland nicht fein genug ist … „Ich bin bitte voll“, verbessert sie sich rasch.

Kindgerecht erklärt

Auf den grellen Blitz folgt ein Donnerschlag, dass die Scheiben zittern. Fasziniert verfolgt der fünfjährige Louis zusammen mit seinem Vater das gewaltige Naturschauspiel. „Was ist eigentlich Donner?“, fragt er. „Der Donner entsteht“, antwortet der Vater, „wenn hinter dem Blitz die Wolken zusammenstoßen.“ „Logisch“, denkt Louis. Er ist zufrieden.

Zehn Jahre später. Louis erzeugt beim Basteln wieder einmal einen „Kurzen“; die Funken stieben und es macht vernehmlich „pitsch“. „Blitz und Donner im Kleinformat“, denkt er. Ihm fällt die Erklärung seines Vaters mit den zusammenstoßenden Wolken ein. Er muss grinsen. „So’n Quatsch“, denkt er.

Noch später lernt Louis, dass die Luft durch die Hitze des Blitzes explosionsartig ausgedehnt wird. Der entstehende Knall erzeugt Echos an den Wolken und an der Erdoberfläche – das ist der Donner, der sich fortpflanzt und bei entfernten Gewittern zu einem einzigen, anhaltenden Grummeln wird. „So ganz unrecht hatte Papa nicht“, denkt Louis.

Schwere Strafe

Wie sich doch die Zeiten ändern! Oder auch nicht? Vor vierzig Jahren war Ludger das, was man damals einen „Langhaarigen“ nannte. Seine Eltern fanden furchtbar, wie ihr Sohn herumlief, aber nach langen Kämpfen hatten sie das Thema „Friseur“ aufgegeben. Denn für Ludger hatten seine schulterlangen blonden Haare kaum geringere Bedeutung als in biblischen Zeiten für Samson.

Nun ist Ludgers jüngster Sohn Lars vierzehn und findet die Eltern genauso schwierig wie seinerzeit Ludger seine Eltern. Und wie damals für Ludger, so spielt auch heute für Lars das Thema „Friseur“ keine geringe Rolle. Und doch ist es ganz anders als früher: Ohne seine modische, immer sorgfältig gestylte Frisur kann sich Lars bei seinen Freunden nicht sehen lassen.

Als nun Lars wieder einmal ganz besonders – drücken wir es freundlich aus – uneinsichtig war, sah sich Ludger zum Äußersten gezwungen: Er rief beim Friseur an und sagte für seinen Sohn den vereinbarten Termin ab.

Ein junger Herr

Es war ein Vater-Sohn-Urlaub vom Feinsten. Ludger war mit Lars in einer kleinen Hütte in den Bergen: Sommer, Sonne, Wandern, keine Verpflichtungen, kein Bettenmachen, kein Aufräumen, Spülen nur, wenn wirklich kein Geschirr mehr übrig war. Niemand störte den Frieden der beiden Männer.

Bis Lars eines Mittags sagte: „Wie sieht es bei uns denn aus!“ Ludger blickte hoch: „Was meinst du denn?“ Lars machte eine ausholende Handbewegung: „Die Betten nicht gemacht, alles liegt rum – und dabei kommen heute Nachmittag doch Egbert und Uta!“

Ludger war sprachlos. Ausgerechnet Lars, dessen Zimmer immer wie eine Räuberhöhle aussah, sehr zum Leidwesen seiner Mutter. Bis es ihm wie Schuppen von den Augen fiel: Franziska würde ja mitkommen, und die dreizehnjährige Franziska war eine recht attraktive junge Dame geworden. Schon beim letzten Besuch war Lars irgendwie ganz anders gewesen als sonst …

Der Schneebesen

„Was wünschst du dir denn zu Weihnachten?“, fragte die zwölfjährige Lilith ihre älteste Schwester Amelie, die erst vor kurzem geheiratet und einen Hausstand gegründet hatte. Amelie überlegte fieberhaft. Die Kleine hat doch selbst nicht viel, dachte sie. Aber da fiel ihr etwas ein: Gestern, da wollte doch der Eierschnee einfach nicht fest werden … „Einen Schneebesen, den bräuchte ich wirklich“, sagte Amelie.

Bekloppt, dachte Lilith, aber des Menschen Wille ist sein Himmelreich …

Am ersten Weihnachtstag kam die ganze Familie zu Amelie auf Besuch. Amelie sah sie im Gänsemarsch den Weg durch den Vorgarten heraufkommen, jeder mit einem Päckchen. Nur – ganz hinten – das Nesthäkchen – was trägt denn Lilith über der Schulter? Ist die verrückt geworden? Das ist doch jetzt nicht wahr! Die Kleine will mir doch wohl keinen Besen zu Weihnachten schenken?!

Vaterfreuden

Zufällig hatte ich meine alte Freundin Monika getroffen, und nun erzählten wir ein bisschen: über Monikas Tochter Rebecca und ihre musikalische Ader – ein Erbe ihrer Großmutter –, über ihren Sohn Bastian, der völlig unaufgeregt und mit geringstem Aufwand ein recht ordentliches Abitur gemacht hatte – von wem er diese Art bloß hat? –, wir sprachen über Urlaubspläne und Gartenmöbel, über dies und das …

Monika, die zuletzt ein wenig abwesend gewirkt hatte, blickte plötzlich auf und unterbrach mich: „Bastian ist Vater", sagte sie unvermittelt.

Was? Mein Patenkind Bastian?? Mit neunzehn??? Und das erfahre ich so nebenbei! „Nein, so nicht", beruhigte mich Monika. „Ich habe gerade nur nachgedacht. Wie Bastian sein Abi gemacht hat – da kommt er auf Bernd, da ist Bastian ganz eindeutig sein Vater."

Der Büroschrank

Der erste Tag als Praktikant im Rathaus zog sich für Christoph endlos hin. Man hatte ihm alle Mitarbeiter vorgestellt, und nun saß er mit einem Stapel Aktenordner in einem leeren Büro.

Um fünf guckte der Büroleiter um die Ecke. „Feierabend", rief er, „Sie könnten schon mal die Büroschränke schließen!" Natürlich, gerne. Christoph schob die Rolltüren hoch und ließ sie einrasten – bis auf eine. Deren Schloss wollte einfach nicht einschnappen, so oft er es auch versuchte.

Inzwischen stand – wie Christoph aus dem Augenwinkel beobachtete – auch der Büroleiter wieder in der Tür. Feixte er nicht ein bisschen? Christoph sah sich das Schloss genauer an; es schien ganz in Ordnung. Warum nur rastete es nicht ein? Gab es da vielleicht einen Trick? Er begann zu schwitzen. „Der Praktikant kriegt die Tür nicht zu" – so durfte er sich nicht blamieren!

Endlich erlöste ihn der Büroleiter, indem er mit breitem Grinsen sagte: „Geben Sie es auf. Das Schloss funktioniert nicht – der Schrank steht immer offen."

Tröstlich

Das Wintersemester, sein erstes, hatte Christoph gut überstanden, aber das Sommersemester hatte es in sich. Ein übervoller Stundenplan mit schwierigen Vorlesungen und Übungen, und dazu drohten am Semesterende die ersten Zwischenprüfungen.

Christoph saß in der Vorlesung und dachte ernsthaft darüber nach, ob das Studium noch Sinn hatte. Was der Dozent da vortrug, war ihm einfach zu hoch, längst hatte er den Anschluss verloren. Trotzdem schrieb er mit, verzweifelt … Die anderen sahen nicht so aus, als seien sie überfordert.

Nach der Vorlesung ging er deprimiert aus dem Hörsaal. Da hörte er, wie die Studentin vor ihm ihren Begleiter fragte: „Hast du das denn eben verstanden?“ Der junge Mann antwortete unbekümmert: „Ach was!“ – Tröstliche Worte!

Der Störfaktor

Wolfgang und sein Sohn Niklas haben sehr unterschiedliche Vorstellungen von einem zielorientierten Studium. Semesterferien – der Name sagt es doch – sind für Niklas Ferien, während sein Vater die Auffassung vertritt, diese Wochen seien auch dazu da, die Vorlesungen nachzuarbeiten und sich auf die Prüfungen vorzubereiten.

Als Niklas mit seiner Freundin Tina für drei Wochen Richtung Nordsee aufbricht, besteht sein Vater darauf, dass er ein Lehrbuch, eins wenigstens, mitnimmt. „Dann kannst du dich abends für ein oder zwei Stunden hinter dein Buch klemmen, das wird dir schon nicht schaden", meint er. Niklas wehrt sich – vergeblich.

Tina lässt der Vater-Sohn-Konflikt um das Lehrbuch kalt; sie sieht vor allem die pragmatische Seite. Beim Kofferauspacken nimmt sie das Buch in die Hand. „Wo tun wir das denn hin", fragt sie, „dass es uns nicht stört, dass wir es aber bei der Abreise auch nicht vergessen?"

Flinke Finger

Es ist Freitagabend. Louis, Student im fünften Semester, kommt zum Wochenende nach Hause. Er stellt seinen Koffer ab und lauscht: Keiner da? – Doch, im Keller brennt Licht. Seine Mutter steht an der Waschmaschine und dreht Socken auf rechts, die sie auf links gewaschen hat. Louis greift sich auch eine Socke und fängt an zu erzählen. Dabei ist er ganz in seiner Welt, bis er plötzlich merkt: Seine Mutter ist viel schneller als er. Louis beeilt sich, aber von der Geschwindigkeit, mit der seine Mutter Socke auf Socke wendet, ist er weit entfernt. Dabei scheinen ihre Finger nur nebenher zu arbeiten, während sie sich interessiert mit ihm unterhält. Nun arbeitet Louis konzentriert und so schnell er kann, aber noch immer ist seine Mutter schneller …

Louis kann es nicht fassen, doch dann fällt ihm der Satz ein, den seine Mutter früher oft sagte, wenn er wieder ins Träumen geraten war: „Wenn ich so langsam wäre wie du, dann wäre ich jetzt noch deine Lätzchen am Waschen.“

Das verschwundene Schloss

Als Louis durch den düsteren Kellerflur geht, streift sein Blick das ummantelte Heizungsrohr, das unter der Kellerdecke entlangläuft. Was schimmert denn da Goldfarbenes auf dem Rohr? Er greift danach – es ist ein Vorhängeschloss aus Messing. Wie kommt ein Vorhängeschloss auf das Heizungsrohr??? Langsam dämmert es ihm …

Es ist viele Jahre her. Louis hatte eben den Keller abschließen wollen, als ihn seine Mutter rief. Rasch lief er ihr entgegen, das Vorhängeschloss noch in der Hand. Sie stand oben an der Kellertreppe und bat ihn, etwas in den Keller zu bringen. Wohin jetzt so schnell mit dem Schloss? Louis legte es oben auf das Heizungsrohr und lief die Treppe hinauf …

Tage später fragte sein Vater: „Wo ist eigentlich das Kellerschloss?“ Alle suchten, doch das Schloss blieb verschwunden. Niemand erinnerte sich, wo er es zuletzt gesehen hatte – auch Louis nicht. Ein neues Schloss wurde gekauft.

Nun ist das alte Schloss wieder da. Wie sagt man doch: Das Haus verliert nichts!

Eigener Maßstab

Paul ist gut, sehr gut sogar, und das weiß er auch. „Alle wichtigen Prüfungen habe ich mit eins gemacht", erklärt er stolz, „Abitur, Diplom und Staatsexamen – immer sehr gut!"

Bernd schweigt. Zu gut erinnert er sich an die gemeinsam durchlittene Referendarzeit und das Examen, in dem beide durchaus nicht sehr gut abgeschnitten hatten. Damals war Paul empört gewesen und ganz und gar nicht bereit, die eher mittelmäßige Note zu akzeptieren. Er war sehr gut – da mochten unfähige und befangene Prüfer sagen, was sie wollten.

Also erklärte Paul, ohne rot zu werden, er habe ein Einser-Examen gemacht, wenn er danach gefragt wurde. Inzwischen – daran hat Bernd keinen Zweifel – glaubt er es selbst.

Verschiedene Blickwinkel

Vieles kann man so – oder auch ganz anders sehen. Es kommt immer auf den Blickwinkel an. Wie in dem alten Witz aus der Zeit des Kalten Krieges: Ein Amerikaner und ein Russe treten in einem Wettlauf gegeneinander an. Der Amerikaner gewinnt. Am nächsten Morgen steht in der Prawda: „Der Russe errang einen hervorragenden zweiten Platz. Der Amerikaner ging als Vorletzter durchs Ziel."

Nur ein Witz? Nicht für Olaf. Er hatte sich nach seiner Ausbildung bei einer kleinen Firma beworben und war abgelehnt worden. Doch über Kanäle, die eigentlich dicht sein sollten, bekam er den Trost: „Du warst an zweiter Stelle."

Nur einer war vor ihm! So etwas baut auf! Mit neuer Hoffnung blickte Olaf in die Zukunft, aber sein Hochgefühl hielt nicht lange an. Denn schon bald erfuhr er von anderer Seite: Es hatte auf diese Stelle nur zwei Bewerbungen gegeben.

Hoffentlich!

Marcel ist frisch verliebt. Aber statt dass ihm das Glück aus den Augen strahlt, guckt er seit drei Tagen bekümmert. „Ich weiß nicht, was ich ihr zum Geburtstag schenken soll!" – so ist seine ständige Klage. Er ist wirklich völlig ratlos.

Ich kann die Verzweiflung und das Jammern nicht länger ertragen. „Dann lass es doch", denke ich im Stillen, „es ist ja noch gar keine enge Freundschaft; vielleicht wird sowieso nichts draus." Laut sage ich: „Meinst du denn, sie ist sehr enttäuscht, wenn du ihr gar nichts schenkst?"

Gar nichts schenken? – Das ist kein Rettungsanker, den Marcel ergreifen möchte. Im Gegenteil, diese Frage lässt ihn das Problem schlagartig von einer anderen Seite sehen. Er stockt ganz kurz, holt einmal tief Luft und sagt dann: „Das will ich doch hoffen!"

Das Tattoo

Sabrina ist aufgeschlossen, sie liebt die Mode und experimentiert gern ein bisschen. Aber sie hat auch eine traditionelle Seite; der Rat ihrer Eltern ist ihr viel wert. Wichtige Entscheidungen trifft Sabrina nicht allein, eigentlich nicht …

Nun steht ihre Hochzeit vor der Tür, und sie freut sich darauf, das Hochzeitskleid zusammen mit ihrer Mutter auszusuchen. Aber im Brautsalon kennt Sabrinas Mutter ihre Tochter nicht wieder. Prüder hätte auch ein Mädchen im 19. Jahrhundert nicht sein können!

„Nein“, sagt Sabrina, „das ist hinten zu tief ausgeschnitten, da sieht man zu viel Rücken.“ Die Verkäuferin zeigt ein anderes Kleid. „Das mag ich auch nicht, da sieht man auch zu viel!“ Die Mutter redet ihr zu: „Probier es doch wenigstens mal an!“ Sabrina windet sich geradezu: „Nein, ich möchte nicht – da schäme ich mich …“

Die Mutter ist ratlos, und Sabrina merkt, sie kommt um ein Geständnis nicht herum. Sie hat sich nämlich ein Tattoo stechen lassen, zwischen den Schulterblättern, heimlich …

Unerwartet

Wen hatte Christoph nicht schon alles durch sein kleines, aber feines Institut geführt: Wissenschaftler aus aller Herren Länder, sogar aus Russland, Äthiopien und China, interessierte Laien, Zeitungsleute, Fernsehreporter, selbst einen Minister und auch den Kirchenchor aus der Nachbarstadt ...

Bei solchen Führungen arbeiten alle Hand in Hand: Christoph erläutert die Aufgabe des Instituts, und seine Assistenten führen durch die Labore und zeigen die praktische Versuchsarbeit. Sie alle machen es gern und bekommen viel Anerkennung.

Nun fragte ein junger Mann aus der Nachbarschaft, ob er sich das Institut nicht mal ansehen dürfe. Er ist Arbeiter, hat die Fachhochschulreife erworben und will studieren. Die Arbeit des Instituts interessiert ihn.

Es wurde eine für beide Teile sehr schöne Führung, und am Ende legte der junge Arbeiter zehn Euro in die Kaffeekasse. Christoph wehrte ab, aber der junge Mann bestand darauf.

Nachdenklich sah Christoph ihm nach. So etwas hatte er noch nie erlebt.

Der Mittelscheitel

Sie hatten sich lange nicht gesehen, Wolfgang und sein Studienfreund Christoph. Gestandene Herren waren sie beide geworden, Wolfgang richtig gutaussehend mit seinen kurzgeschnittenen, gewellten blonden Haaren.

Christoph bemerkte es anerkennend und erinnerte Wolfgang an seine Löwenmähne zu Studienzeiten. „Hat mir aber nie gefallen", entgegnete Wolfgang, „lang ja, das schon, aber nicht so wuschelig! Ich hätte viel lieber deine glatten Haare gehabt. Lang wachsen lassen und dann einen Mittelscheitel."

Christoph schüttelte sich. „Furchtbar! Haben wir doch damals ausprobiert. Einfach furchtbar!" „Nein", widersprach Wolfgang, „das hätte dir auch gestanden. Versuch's doch noch mal! Kämm dir doch noch mal einen Mittelscheitel!"

Wolfgang sah seinen Freund auffordernd an, aber plötzlich wurde sein Blick nachdenklich. „Nee", meinte er, während er prüfend auf Christophs lichter werdende Haare schaute, „geht wohl nicht mehr …"

Aus der Schule

Die Berufswahl

Schule ist im Leben von Marc wirklich ein bestimmender Faktor: Großvater und Großmutter waren beide Lehrer, Vater und Mutter sind Lehrer, ebenso beide Onkel. Nur die Tante fällt aus der Reihe; sie ist Erzieherin.

Marc selbst geht auch in die Schule und ist bereits im zweiten Schuljahr, aber sein großes Interesse gilt nicht Lesen, Schreiben oder Rechnen, sondern der Technik und vor allem der Elektrizität. Stundenlang bastelt er mit Fahrradbirnchen, Batterien und kleinen Elektromotörchen und vergisst dabei völlig die Zeit.

Seine Oma staunt immer wieder, mit welcher Hingabe der Enkel sich seinen Lämpchen und Drähtchen widmet und was er alles schon versteht. Als sie ihn wieder einmal beobachtet und fragt: „Was willst du denn später mal werden?“, kommt die Antwort sofort und eindeutig: „Lehrer für Strom!“

Schulgeld

Philipps Vater geht morgens in die Schule, kommt mittags wieder nach Hause und sitzt nachmittags am Schreibtisch. Das kennt Philipp nicht anders. Und dafür bekommt sein Vater Geld – auch das hat Philipp begriffen.

Nun hat er einen großen Wunsch. Das winzige Fahrrädchen, das er von seiner Cousine geerbt hat, ist nicht nur wirklich zu klein, sondern damit blamiert er sich auch. Er möchte ein ordentliches Kinderfahrrad haben, so wie seine Freunde auch.

„Das geht nicht“, sagen die Eltern, „das ist zu teuer. So viel Geld haben wir im Moment nicht. Vielleicht zu Weihnachten.“ So lange möchte Philipp nicht warten, und das braucht er doch auch gar nicht. „Das mit dem Geld ist kein Problem“, meint er, „Geld habe ich bald genug!“

„Geld? Du?? Woher denn???“ – „Na, ich komme doch im August in die Schule!“

Straffrei

Seit einigen Monaten geht Tobias in die Schule, aber nicht gern, gar nicht. Als individuelles und ein wenig kontaktscheues Kind findet er alles furchtbar: das frühe Aufstehen, den Zwang, die anderen Kinder …

Eins aber fasziniert ihn: die große grüne Tafel, an die mit Kreide geschrieben wird. Das möchte er wohl auch. Zwar gibt es zuhause weder Tafel noch Kreide, aber es gibt doch so viel anderes … Tobias ist ein fantasiebegabtes Kind. Das Kopfende des elterlichen Bettes, aus dunklem polierten Holz, ist doch fast so schön und groß wie eine Schultafel, und als Schreibgerät eignet sich vielleicht die Nagelschere auf der Frisierkommode. Doch was soll er schreiben? – In diesem Fall lässt er seiner Fantasie nicht viel Raum, außerdem kann er noch längst nicht alle Buchstaben. Weit ausholend schreibt er, was ihm als Erstes in den Sinn kommt: MAMI.

Dieses „Mami“ rettet ihn. Sprachlos steht seine Mutter vor dem zerkratzten Bett, aber zum Schimpfen ist sie zu gerührt.

Die Rettung

Stundenlang hatte Tante Cornelia mit ihrem kleinen Neffen Laurenz geübt, aber nun waren beide zufrieden: Laurenz konnte sein Gedicht. Schön betont sagte er es auf, ohne zu stocken – es klappte wirklich.

Am nächsten Morgen, auf der kleinen Bühne vor all den Leuten, klappte es aber nicht mehr. Laurenz blieb stecken. Verzweifelt guckte er ins Publikum – und entdeckte in der ersten Reihe seine Tante Cornelia. Die sah ihn aufmunternd an; halblaut sagte sie das entscheidende Wort und formte es zusätzlich mit den Lippen – mehr brauchte Laurenz nicht; nun kam er gut bis zum Ende.

Wie gut, wenn man eine Tante hat, die nicht nur mit einem übt, sondern beim Üben das Gedicht selbst so gut lernt, dass sie auch soufflieren kann!

Die Erschaffung der Welt
Ein Detail

Die Kinder des ersten Schuljahres schreiben noch nicht lange mit Tinte. Es ist alles überhaupt nicht einfach, und nun hat Pia die Seite voll und greift zum Löschblatt. Sie wirkt ungeschickt und guckt so hilflos, dass der Lehrer sagt: „Lass das mit dem Löschblatt, Pia. Das schmiert nur. Warte ein bisschen, die Tinte trocknet auch so."

Paul, klein, altklug, vorlaut und zu seinem Kummer meist nur Paulchen genannt, ruft: „Wozu hat denn der liebe Gott die Luft erschaffen?"

Der Lehrer sieht auf die schüchterne Pia und den vor Selbstbewusstsein strotzenden Paul. Da muss er doch wohl etwas geraderücken. „Bestimmt nicht, um Paulchens Tinte zu trocknen!", sagt er.

Nein, danke

Gegen viertel vor neun ist die Schulmesse zu Ende; lachend und schwatzend ziehen die Kinder über den Markt Richtung Schule. Pia, wie immer, zockelt ein wenig verträumt hinterher, als sie ihren Namen hört: „Pia! Guten Morgen!“ Frau Paßens, die Nachbarin, kommt auf Pia zu. „Ich bin auf dem Weg in die Bäckerei. Möchtest du auch ein Brötchen?“ Pia hat gut gefrühstückt und außerdem bekommt sie von ihrer Mutter genug Pausenbrote mit – aber sie weiß, was sich gehört. Brav sagt sie: „Ja, gerne.“

Beim Bäcker ist Hochbetrieb. Pia steht auf heißen Kohlen. Ihre Klassenkameraden müssten fast schon in der Schule sein. Endlich, das Brötchen! Pia sagt hastig „danke“ und rennt los. Unterwegs verschlingt sie von dem trockenen Brötchen so viel als eben geht.

Natürlich kommt sie zu spät. „Pia, wo bleibst du denn?“, fragt der Lehrer. „Wir haben uns Sorgen gemacht!“ Wie soll Pia das erklären? Stumm drückt sie sich in ihre Bank.

Beim nächsten Mal wird sie ganz höflich „nein, danke“ sagen.

So alt schon?

„Wir haben eine neue Lehrerin“, verkündete der achtjährige Timo beim Mittagessen. „Ja?“, fragten die Eltern auffordernd, aber für Timo war das Thema damit erst einmal erschöpft. „Nun erzähl doch mal“, fasste die Mutter nach, „wie ist sie denn so?“ „Nett“, meinte Timo.

„Sei nicht so mundfaul“, sagte die Mutter, „ein bisschen mehr wirst du doch sagen können. Wie sieht sie denn aus? Ist sie alt oder jung?“ „Alt“, erwiderte Timo mit Nachdruck, so dass die Mutter aufhorchte: „Wie alt denn?“, fragte sie. „Weiß nich’“, antwortete Timo, aber noch gab seine Mutter nicht auf: „Ich meine doch nur ungefähr. So alt wie Mama und Papa vielleicht?“ Jetzt endlich wurde Timo lebhafter. „Nein“, versetzte er, „sooo alt doch nicht!“

Unanständige Wörter

In der Klasse wurde es unruhig. Die Kinder kicherten und feixten, und als auch der strafende Blick der Lehrerin – sonst ein sicheres Mittel – nichts nützen wollte, fragte sie: „Was ist denn da los?“ Keine Antwort, nur weiteres Kichern und etwas verschämtes Herumdrucksen. Also griff sie sich einen Schüler heraus: „Lukas! Was gibt es zu lachen?“

Lukas stand auf. „Der Tom hat *so* gemacht.“ Er erzeugte mit den Lippen täuschend ähnlich ein furzendes Geräusch, dann ergänzte er, empört jedes Wort betonend: „Mit dem Popo!“

Schule 1962

„Ich hab' vergessen, ein Heft zu kaufen; wir schreiben morgen eine Klassenarbeit", sagte Pit beim Zubettgehen. Der Schreck stand ihm in den Augen. Seine Mutter wusste Rat. Sie rief die Besitzerin des Schreibwarengeschäftes an, deren Sohn Kurt mit Pit ins erste Schuljahr ging. Sie sollte Kurt ein Schreibheft für Erstklässler mitgeben. „Kann ja gar nicht schiefgehen", dachten die Mütter.

Sie hatten nicht mit der Mentalität ihrer Sechsjährigen gerechnet. Kurt hatte das Heft, aber von sich aus sagte er nichts. Auf die Idee, Kurt zu fragen, kam wiederum Pit nicht. Unglücklich nahm er von seiner Lehrerin ein Ersatzheft entgegen, ein Zweitklässlerheft mit engeren Linienabständen. So klein konnte er kaum schreiben. „Das kommt davon!", meinte die strenge Lehrerin. Pit sagte immer noch nichts.

Nach der Stunde hielt Kurt das Heft hoch. „Ich soll'n Heft abgeben", sagte er. Zu spät; Pit schrieb das ganze erste Schuljahr seine Arbeiten in das Zweitklässlerheft. – Heute schwer vorstellbar, oder?

Die Strafarbeit

Weit über neunzig ist er geworden, der alte Lehrer Schmitz, und bis zum Schluss sah er aus wie siebzig. Als ich in die Volksschule ging, unterrichtete er meine Parallelklasse. Er wurde von allen gemocht, ich aber ging ihm lange Zeit sorgfältig aus dem Weg. Noch nach Jahren hatte ich jedes Mal, wenn ich ihn traf, den Anflug eines flauen Gefühls. Das hatte seinen Grund.

Im Winter 1963 gab es auf unserem Schulhof eine riesige Eisfläche, auf der man herrlich schlindern konnte. Natürlich war das verboten. Ich wurde erwischt – ausgerechnet von dem grimmigen Lehrer Steinmetz. „Du gehst zu Herrn Schmitz“, herrschte er mich an, „und lässt dir eine Strafarbeit geben!“

Zu Herrn Schmitz? Wieso gerade zu dem? – Herr Steinmetz hatte mich verwechselt, aber auf die Idee kam ich mit meinen sieben Jahren nicht. Zu dem fremden Herrn Schmitz sollte ich gehen? Die Schlinderei beichten? Und um eine Strafarbeit bitten? – Unmöglich! Da war es besser, ich ging ihm aus dem Weg.

Herr Schmitz hat davon mit Sicherheit nie etwas geahnt.

Schicksalhaft

Es gibt Schicksale, denen kann man nicht entrinnen. Dazu gehört auch das Vokabel-Abfragen. Jedes Mal zitterte Kai, wenn es so weit war: Kannte er die neuen Vokabeln aus der letzten Stunde noch? Er hatte nicht die ganze Zeit aufgepasst, das wusste er wohl. Kam er dran? Mit einer Vokabel, die er konnte?

Jetzt war es wieder so weit, er kam dran. „Schlagen?“, fragte der Lehrer. Kai atmete auf. Das Schicksal meinte es gut. „To strike“, antwortete er. „Und die Stammformen?“, fragte der Lehrer weiter. Oh Schreck, dachte Kai, die kamen gestern in dem Lesestück nicht vor. Aber manchmal sind ja alle drei gleich. „To strike, strike, strike“, riet er.

Der Lehrer guckte unwirsch. „Joey“, rief er Kais Nebenmann auf. „To strike, struck, struck“, sagte Joey, mit, wie Kai fand, einem unnötig arroganten Tonfall.

Kai durchzuckte in diesem Moment die Erkenntnis: Joey hat die Vokabeln zu Hause gelernt. Er selbst hatte das eigentlich nie für nötig gehalten, aber ganz offensichtlich bewährte es sich …

Arme Bauern

Eifrig meldete sich der kleine Leon. Er hatte in der letzten Geschichtsstunde so gut aufgepasst, und nun, bei der Wiederholung, wollte er gerne drankommen. „Warum waren die Bauern unzufrieden?“, hatte der Lehrer gefragt, und Leon wusste es: „Sie waren verarmt, denn die Reichen nahmen ihnen immer alles ab.“ Der Lehrer schüttelte den Kopf. Leon war perplex; er fühlte sich missverstanden. Er wiederholte: „Die reichen Grundbesitzer nahmen den Bauern immer alles …“ Der Lehrer unterbrach ihn: „Das geht nicht“, sagte er. „Man kann jemandem immer etwas oder einmal alles abnehmen. Immer alles geht nicht!“

Leon war aus dem Konzept gebracht. Eigentlich hatte er also doch recht gehabt. Nein, wenn das mit der Wiederholung so lief, dann machte ihm die Sache keinen Spaß mehr!

Tuten tut …

„Tuten tut der Nachtwächter“, sagt man kleinen deutschen Kindern, wenn sie auf kindliche Art ihre Frage mit „tun“ umschreiben: „Wann tut die Oma kommen?“

Kaum haben die Kinder die richtige deutsche Fragestellung verinnerlicht („Wann kommt die Oma?“), da lernen sie, dass ihre soeben abgelegte frühkindliche Frageform im Englischen die Normalform ist: „When does Grandma come?“

Nicht zu schwierig, sollte man meinen, und so fiel die Klassenarbeit der Sexta auch recht ordentlich aus. Nur Tom Eisinger, sonst im soliden unteren Mittelfeld, fielen fast die Augen aus dem Kopf, als er seine Arbeit zurückbekam: eine glatte Sechs. Zwölf Fragen waren zu stellen gewesen, und nicht eine einzige hatte er mit „to do“ umschrieben. Seine Englischlehrerin war sprachlos.

„Doch, ich weiß, wie das mit der Umschreibung geht“, verteidigte sich Tom, „aber ich dachte auf einmal, man kann das machen, aber man muss es nicht.“ Bin doch nicht bekloppt, schien sein Blick zu sagen, wenn es doch auch einfach geht …

Fehlgeleitet

Jochen hatte sich im Französischunterricht endgültig festgefahren. Er rang nach Worten, fing an zu stottern und war kurz vor dem Aufgeben, da kam ihm der Lehrer schnell mit einem deutschen Begriff zu Hilfe. „Geradeaus heißt droit“, sagte er.

„Nein“, rutschte es Jochens Banknachbar Enno gegen seinen Willen heraus, „ich denke, droit heißt rechts!“ Das ist im Französischen eine echte Klippe, und deshalb erklärte der Lehrer geduldig: „Rechts heißt à droite.“

„Nee, ehrlich?“, staunte Enno, „dann weiß ich jetzt auch, warum wir uns in Frankreich immer verfahren haben!“

Zum Lachen? Zum Weinen?

Klassenarbeiten
Fritz Meier
Sexta c

schreibt der Klassenlehrer an die Tafel. Dann teilt er die neuen Hefte aus und zeigt auf die Tafel. „Das schreibt ihr auf die Namensschildchen“, sagt er. Nach einer kleinen Weile ergänzt er: „Natürlich schreibt jeder seinen eigenen Namen!“ Erschreckt sieht Paul auf … Zu spät! – Ein Witz, natürlich.

Kein Witz ist die folgende Begebenheit. Susanne teilt die Aufgabenblätter für die Englischarbeit der Quinta aus. „Read this story and answer the following questions“[1], steht da und dann: „Write about 150 words“[2].

Eifrig macht sich Lily an die Arbeit. Kurz und knapp beantwortet sie die Fragen, dann geht sie an die nächste Aufgabe. „house, boy, girl, school, garden, summer …“ schreibt sie. Sie muss sich beeilen, hundertfünfzig Wörter sind schließlich kein Pappenstiel …

---

1 Lies diese Geschichte und beantworte die folgenden Fragen

2 Schreib ungefähr 150 Wörter

Klassisch ungebildet

Kevin, ein selbstbewusster Oberstufenschüler, wird in Geschichte geprüft. Munter und voll Zuversicht spricht er über die römische Politik zur Zeit Caesars und erwähnt immer wieder einen gewissen Kiriko.

Seine Prüferin, die Referendarin Frau Winzmann, lässt ihn gewähren. Will sie den Redestrom ihres Prüflings nicht unterbrechen? Oder zeigt sich hier ein gewisses Phlegma, das ihr im Kollegium nachgesagt wird?

Herr Schwan, ihr Kollege und Ausbildungslehrer, sitzt in der letzten Reihe und hört zu – bis er es nicht mehr aushält. „Sie haben", unterbricht er Kevin, als dieser zum siebten Mal Kiriko sagt, „zwei Möglichkeiten. Sie können ‚Kikero' sagen, Sie können meinetwegen auch ‚Zizero' sagen. ‚Kiriko' ist keine Option!"

„Ist doch erstaunlich", meint Frau Winzmann nach der Prüfung unbeeindruckt zu ihrem Kollegen, „wie wenig von dem hängenbleibt, was man sagt."

Musikalisches Genie

Paul, klein und pfiffig und deswegen trotz seiner siebzehn Jahre noch immer Paulchen genannt, sitzt vor der Schulstunde im Musiksaal am Klavier, improvisiert ein bisschen und spielt auf Wunsch seiner Klassenkameraden Schlager nach Gehör. Die Mitschüler sind beeindruckt – sie wissen natürlich, dass Paul im Schulorchester Geige spielt, aber Klavier … das kann er offenbar also auch.

„Welche Instrumente spielst du denn noch?“, fragt einer. Wer angibt, hat's nötig, sagt das Sprichwort, aber in Bezug auf Paul stimmt es nicht. Paul hat es nicht nötig, denn er ist wirklich sehr begabt; ein bisschen angeben jedoch – das konnte er noch nie lassen. „Ooch, eigentlich alle“, sagt er großspurig.

„Was ist denn schwerer, Geige oder Klavier?“, fragt ein anderer. Paul denkt kurz nach, dann sagt er einen – wie ich finde – gar nicht so dummen Satz. „Geige“, antwortet er. „Beim Klavier sind alle Töne schon da, bei der Geige musst du sie erst machen.“

Zielstrebig

Schule war für Monique keine Erfolgsstory, ganz und gar nicht. Wirklich gut war sie nirgends, aber in Deutsch war sie besonders schlecht. Ganz so schlimm hätte es nicht sein müssen, denn außerdem war sie furchtbar faul. Aber sie war pfiffig und hatte Ideen – nicht immer nur gute Ideen, weshalb sie einmal von der Schule geflogen war.

Nun saß sie im Deutschunterricht, tat nicht einmal das Nötigste und brachte ihre Lehrerin zur Verzweiflung. Die versuchte, Monique ins Gewissen zu reden, aber an der prallte das völlig ab. „Ich gehe zum Fernsehen", sagte Monique, „und dann werden Sie meine Sendung sehen und sagen: ‚Die habe ich auch einmal unterrichten dürfen!'"

Genau so ist es gekommen. Die ungenügende Deutsch-Schülerin ist beim Fernsehen und moderiert Talk-Shows und Doku-Soaps.

Schmutzige Kinder

Der Klassenausflug fiel buchstäblich ins Wasser. Die elfjährigen Kinder waren in der Jugendherberge Koblenz aufgebrochen und mit dem Zug Richtung Burg Eltz gefahren. Die Wanderung durch den Wald und die Burg selbst wurden zum unvergesslichen Erlebnis. Aber auf dem Rückweg geriet die Klasse in ein Unwetter. Es goss ohne Unterlass, und auf den Waldwegen versanken die Kinder bis zu den Knöcheln im rutschigen Morast.

Die begleitenden Lehrer machten sich Sorgen, aber elfjährige Kinder lassen sich von solchen Zwischenfällen nicht unterkriegen. Patschnass und gutgelaunt standen sie in Koblenz am Bahnhof; von dort sollten sie mit Taxis zur Jugendherberge fahren. Einige Kinder hatten sich – man muss es so sagen – regelrecht eingesaut.

Christina sah auf die nassen Jacken ihrer Klassenkameraden und vor allem auf die schlammigen Schuhe. Sie dachte an die Taxis und wandte sich etwas ängstlich an ihre Lehrerin: „Haben Sie denn gefragt, ob die auch schmutzige Kinder mitnehmen?“

Das Hobby

Niemand, der es nicht selbst einmal gemacht hat, kann ermessen, wie viel Gedanken, Planungen und Vorbereitungen eine mehrtägige Klassenfahrt mit einer Quarta ins Ausland bedeutet. Susanne weiß es, denn sie macht solche Fahrten seit Jahrzehnten, mit allen Klassen, die sie als Klassenlehrerin betreut.

Jede dieser Fahrten wird minutiös und ganz individuell geplant, nichts ist „von der Stange“. Das kann aber nur gelingen, wenn die Feinplanung an Ort und Stelle gemacht wird. – Ich weiß das sehr zu würdigen, komme ich doch alle drei Jahre in den Genuss, als begleitender Berater an Susannes Vor-Touren teilzunehmen …

Auch dieses Mal wissen die Eltern Susannes Einsatz zu schätzen und danken ihr bei der Feier am Schuljahresende für ihre Mühe. Das aber will Christina, die mitgehört hat, so nicht stehenlassen. „Für Frau Wiesner ist das keine Arbeit“, sagt sie ein wenig altklug, „das ist nämlich ihr Hobby. Das macht ihr richtig Freude, das merkt man!“

Ein schöneres Lob hat Susanne nie gehört.

Ganz ohne Tricks

Es hat zur großen Pause geschellt. Zwei junge Kollegen sind auf dem Weg ins Lehrerzimmer. Sie sind ratlos. Sie haben – davon sind sie überzeugt – die interessantesten Fächer der Welt, und ihr Unterricht ist gewiss nicht schlecht. Aber die Schüler gehen einfach nicht mit. Man müsste sie besser motivieren – so haben sie es gelernt. Aber wie?

Im Lehrerzimmer angekommen, treffen sie auf den beliebten und in Ehren ergrauten Mathematiklehrer. Nun ist Mathematik für die allermeisten wirklich kein mitreißendes Fach, aber dieser Lehrer hat einen erstklassigen Ruf. „Wie machen Sie das nur?“, fragt einer von den beiden. „Sie haben immer Ruhe in der Klasse, und die Schüler passen bei Ihnen auf. Wie schaffen Sie es bloß, Ihre Schüler so zu motivieren?“

Der alte Mathematiklehrer sieht sie erstaunt an. „Motivieren?“, fragt er. „Wenn ich da vorne stehe, ist das Motivation genug!“

Moderne Schule?

Voll Unverständnis schüttelt die Oberstudiendirektorin den Kopf, während sie die Namensliste ihrer Schüler durchgeht. „Margarita“, sagt sie, „wie kann man ein Kind nur wie einen Cocktail nennen?!“ „Wie einen Cocktail?“, fragt ein älterer Oberstudienrat erstaunt. „Ich dachte, Margarita wär’ ’ne Pizza!“

Um der Wahrheit die Ehre zu geben, den Kollegen mit der Pizza habe ich erfunden, aber alles andere ist genau so passiert. Si tacuisses, philosophus mansisses, sagt der Lateiner, hättest du geschwiegen, wärest du ein Philosoph geblieben. Hätte die Direktorin geschwiegen und stattdessen ein wenig nachgeforscht, hätte sie herausgefunden, dass Margarita (lateinisch: die Perle) der Name bedeutender Heiliger ist. Margarita und die vielen Nebenformen von Grete über Marit bis zu Rita waren früher – und sind in vielen Ländern heute noch – weit verbreitet.

Um einen anderen lateinischen Spruch ein wenig abzuwandeln:

Sic transit gloria ~~mundi~~ scholae –
so vergeht der Ruhm der ~~Welt~~ Schule!

Hochbegabt

„Dass wir mal solche Probleme mit dem Jungen kriegen würden", seufzte der Vater. „Hätten wir nie gedacht", meinte die Mutter, „aber – damit sind wir nicht allein!"

Nein, tatsächlich nicht. Das Problemkind ist nämlich hochbegabt – und langweilt sich in der Schule zu Tode. Von solchen Hochbegabten hört man jetzt öfter. Träge und lustlos hängen sie herum; die Schule kann ihnen nichts bieten. Trotz ihrer Begabung ist der Schulabschluss in Gefahr.

Seltsam! In meiner Klasse war vor Jahrzehnten auch ein Hochbegabter, der sich schrecklich langweilte. Mit langen Haaren und unbewegtem Gesicht lag er meist zusammengesunken in seiner Bank, denn das, womit wir uns quälten, war für ihn kalter Kaffee. In Mathematik, Physik und Chemie, auch in Geschichte und Erdkunde – immer war er dem Unterricht weit voraus. Auf seinem Zeugnis gab es nur Einsen – in einer Zeit, in der die Zwei selten und eine Eins die absolute Ausnahme war. Seltsam – seine Begabung hat ihn überhaupt nicht behindert!

Um ein Haar

Kurz nach acht betritt der Deutschlehrer, Herr Reuter, den Klassenraum. Er setzt sich ans Pult und blättert unkonzentriert im Klassenbuch. Dann sieht er auf. „Stellt euch vor, was mir eben passiert ist“, sagt er. „Ich fahre bei Rot auf die Kreuzung zu, trete auf die Bremse, und – NICHTS! Am Straßenrand sehe ich Container, gegen die will ich fahren – besser als gegen ein anderes Auto, denke ich – aber dann bin ich schon vorbei und über die Kreuzung rüber, knapp zwischen zwei Autos durch. Ich bin noch ganz zittrig!“

„Aber … die Handbremse …“, wirft ein Schüler ein. „Das ist es ja gerade“, erwidert Herr Reuter, „ich habe meiner Frau noch gesagt, die Bremse fühlt sich so anders an, denk an die Handbremse, wenn was sein sollte – aber ich selbst habe sie in dem Schreck völlig vergessen.“

An diesem Morgen findet kein Deutschunterricht mehr statt. „Wenn ich dran denke, wie viele Stunden um ein Haar ausgefallen wären“, meint Herr Reuter, „dann kommt es auf diese Stunde auch nicht mehr an.“

Bildungslücken

Mühsam versuchen Christoph und Wolfgang, die lateinische Inschrift auf den Balken des alten Fachwerkhauses zu entschlüsseln. Nun haben beide Latein in der Schule gehabt, Christoph hat sogar das große Latinum, doch hier stoßen sie an ihre Grenzen. Schon bei einer einfachen Hausinschrift …

Es fehlt ihnen aber auch am nötigen Ernst – wie schon in der Schule. Sie raten, rätseln, machen Witzchen … Wenigstens die römischen Zahlen können sie entziffern, immerhin.

Gerade als Wolfgang sagt: „Ist doch egal, komm jetzt“, da bleibt eine ältere Dame bei ihnen stehen und sieht sie ein bisschen ironisch an. Sie liest den beiden Ex-Lateinschülern den Text vor und übersetzt ihn mühelos ins Deutsche. Mit feinem Lächeln bemerkt sie: „Müssten Sie eigentlich können, meine Herren“ und wendet sich zum Gehen.

Ei verflixt! Christoph und Wolfgang verschlägt es die Sprache. Betreten ziehen sie ebenfalls von dannen. Für einen Augenblick ist ihnen das Witzeln vergangen.

Drei Reihen „O“

Als die Welt noch weniger digital und international war, hatte ich eine manierliche Kontonummer mit sechs Stellen. Nun sind es zweiundzwanzig. Trotzdem kann ich mir diesen Zahlenbandwurm recht leicht merken, weil meine alte, kurze Kontonummer unverändert in ihm enthalten ist. Das hat allerdings dazu geführt, dass in der Mitte der neuen Nummer acht Nullen sind.

Jedes Mal, wenn ich geduldig die acht kleinen Kreise in die Kästchen male, fühle ich mich an meine erste Hausaufgabe im ersten Schuljahr erinnert. Drei Reihen „O“. Eine echte Herausforderung, zumal mir mein Vater sechs oder sieben missratene Nullen in der zweiten Reihe auswischte – damals hatten wir noch Schiefertafeln. „Das können wir aber schon besser“, hatte er gesagt.

Ein Jahr später kam meine Schwester in die Schule und auch sie musste als erste Hausaufgabe das große „O“ malen – aber nur zwei Reihen. So lernte ich früh die Ungerechtigkeit dieser Welt kennen!

In Familie und Freundeskreis

Schwierige Verständigung

Fröhlich pfeifend kommt Michael nach Hause, pfeffert seine Aktentasche in die Ecke, geht in die Küche und will seine Frau begrüßen. Doch Isabels Reaktion ist eindeutig unfreundlich. Er kennt das. Wenn er abends heimkommt, ist Isabel oft etwas abweisend, aber so schroff wie heute …

„Was ist denn eigentlich los?“, fragt er ratlos und nun seinerseits gereizt. Da platzt es aus Isabel heraus: „Weißt du das denn wirklich nicht?“, fragt sie zurück. „Jeden Abend fliegt die Tasche in die Ecke. Guck mal, wie die Tapete schon aussieht! Und immer stolpert man über die blöde Tasche! Kannst du die nicht ordentlich abstellen?! Hast du eigentlich Schwielen auf der Seele? Du musst doch merken, wie sehr mich das stört!“

Michael ist wie vor den Kopf geschlagen. „Um Himmels willen“, ruft er, „wie soll ich das denn merken?! Ich mach’ das nicht mehr, kein Problem. Ich kann sowas leicht ändern, wenn ich weiß, dass es dich stört. Aber ich kann es doch nicht merken! Du musst es mir schon sagen.“

Nicht auf gleicher Wellenlänge

An einem der letzten schönen Tage trinken Michael und Isabel beim Italiener draußen einen Cappuccino und betrachten das muntere Treiben auf dem Marktplatz, als Isabel plötzlich sagt: „Da – guck mal, schnell, da ist ein Kollege von mir!“ Suchend geht Michaels Blick über die vielen Menschen. „Wer ist da? – Wo denn überhaupt?“, fragt er. „Na, da vorne!“ Mit einer schnellen, vagen Armbewegung deutet Isabel die Richtung an, und in ihrer Stimme klingt mehr als nur ein Hauch Ungeduld mit.

Hastig sucht Michael in der angegebenen Richtung – ohne Erfolg. Ihm fällt niemand auf, der ein Kollege von Isabel sein könnte. „Welchen meinst du denn?“, fragt er ratlos. „Den mit der grauen Jacke – da, schnell – jetzt ist er weg! Jetzt kannst du ihn nicht mehr sehen.“ Vorwurfsvoll sieht Isabel Michael an.

„Wie soll ich denn ahnen, wen …“, will Michael sich verteidigen, aber Isabel fällt ihm ins Wort: „Du musst doch wissen, wen ich meine!“

Das Haus verliert nichts

„Der Abfallkalender ist nicht mehr in der Küchenschublade!“, ruft Isabel. „Doch, natürlich“, entgegnet Michael ungeduldig, „warte, ich zeig’ ihn dir.“ Als ob sie keinen Kalender in einer Schublade finden könnte! Mit grimmiger Befriedigung stellt Isabel fest, dass auch Michael den Kalender nicht findet. Zu zweit suchen sie überall – nichts!

„Dann hast du ihn aus Versehen weggeworfen“, vermutet Michael. „Nein, ich …“, will sich Isabel verteidigen, aber Michael unterbricht sie: „Ich war’s bestimmt nicht, ich hab’ den Abfallkalender doch extra in diese Schublade gelegt!“

Isabel denkt nach. Weggeworfen? Nein! Und das Haus verliert nichts. Sie geht zurück in die Küche. Die Schublade ist doch immer so voll. Wenn man vorne etwas hineinschiebt, dann könnte doch etwas anderes hinten über den Schubladenrand …

So ist es! Der Abfallkalender steckt eine Etage tiefer hinter den Suppentellern. Das Haus verliert wirklich nichts – und einen Abfallkalender wirft auch niemand weg!

Warum???

Michael stülpt den Dosierverschluss auf die Flasche mit dem Feinwaschmittel. Er beobachtet, wie der Messbecher innerhalb des Verschlusses saugend in den seifefeuchten Flaschenhals gleitet. „Das ist dicht genug“, meint er und spart sich das Zudrehen. „Sonst verklebt so viel Seife am Deckel noch das Gewinde …“

Tage später ertönt aus der Waschküche ein ärgerlicher Schrei, dann hört man Isabel schimpfen: „Was für eine Schweinerei! Alles voll Flüssigseife, die Maschine, der Trockner, meine saubere Wäsche auf der Leine, sogar an der Wand ist was …“

Michael eilt die Kellertreppe hinunter. „Was ist denn?“, fragt er. „Hast *du* den Deckel nicht richtig festgedreht?“, fragt Isabel zurück. „Guck dir das hier an!“ „Ja, was hast du denn gemacht?“, fragt Michael. „Das siehst du doch! Beim Schütteln ist der Deckel abgeflogen …“ Michael sieht Isabel verständnislos an. „Warum, um Himmels Willen, schüttelst du denn die Flasche?“ „Warum?“, fragt Isabel gedehnt zurück. „Weiß ich nicht. Mach’ ich immer so …“

Sommersonne

Es war ein wolkenloser Hochsommertag, als mir Wolfgang und Uschi ihre neue Wohnung zeigten. Vor allem die große Dachterrasse wurde bewundert: Die konnte man schön mit Liegestühlen, Tisch und Sonnenschirm einrichten – noch allerdings war sie völlig leer.

In Gedanken lagen wir schon gemütlich im Schatten, ein Glas Bier auf dem Beistelltischchen, als uns Uschi in die heiße, schattenlose Wirklichkeit zurückrief: „Ihr müsstet noch einkaufen! Ihr könnt euch aber Zeit lassen, ich hab' im Haus noch Einiges zu tun."

Wir ließen uns Zeit – es gab viel zu sehen und noch mehr zu erzählen. Als wir zurückkamen, sahen wir Uschi schon von weitem fröhlich auf der Terrasse winken. Aber – beim Näherkommen – war das Winken nicht ein wenig hektisch? Und war das Gesicht nicht ausgesprochen unfröhlich?? Und warum war die sommerlich leicht bekleidete Uschi krebsrot???

Hals über Kopf stürzte Wolfgang ins Haus, um die von innen verriegelte Terrassentür zu öffnen.

Schilda lässt grüßen

Mit ihrer Etagentür war Uschi nicht glücklich. Durch die Glasscheibe – auch wenn es natürlich kein Klarglas war – fühlte sie sich beobachtet, und außerdem war die Tür alt und klapprig. Hinter dieser Tür hatte sie sich nie sicher gefühlt.

Jetzt hatte Uschi Nägel mit Köpfen gemacht: Eine schwere, solide Abschlusstür war eingebaut worden, massiv, ohne Glas. Der Handwerker hatte sich verabschiedet, und zufrieden schloss Uschi zum ersten Mal ihre neue Etagentür – und stand im Dunkeln. Völlig im Dunkeln! Sie tastete nach dem Lichtschalter und begriff schlagartig, warum die alte Tür die große, helle Scheibe gehabt hatte.

Wie schade, dass Uschi nicht in Schilda lebt. Wie leicht hätte sie es dann gehabt! Einige Säcke mit Licht hätten für den Flur bestimmt gereicht.

Unter Freunden

„Du hast ja schon wieder diese Hose an“, sagte Lydia statt einer Begrüßung. Auf meinen wohl etwas verständnislosen Blick hin rief sie: „Diese Hose ist das Grauen!“ – Oder: „Komm heute Abend lieber nicht“, sagte Sylvia am Telefon, „hat nicht viel Zweck, bei uns hängt der Haussegen schief!“ – Ehrliche Worte, aber unter wirklich guten Freunden braucht man nicht zu schwindeln.

Sonst aber sind die kleinen Schwindeleien nicht nur hilfreich, wir können auf sie – seien wir ehrlich – im täglichen Leben kaum verzichten. Aber auch Schwindeln will gekonnt sein, vor allem muss man wissen, wo eine Schwindelei fehl am Platz ist.

Eine Woche nach ihrem Geburtstag erhielt Cornelia eine Glückwunschkarte von ihrer Freundin Sigrid – kräftig zurückdatiert. „Sigrid“, rief sie, „doch nicht mit mir!“ Es konnte nicht funktionieren – dafür kennt Cornelia Sigrid zu gut.

Vergesslich

„Das Buch habe ich doppelt“, sagte Cornelia erklärend, als ich sie erstaunt ansah. Sie versah nämlich gerade eine Gedichtübersetzung in einem schönen Band großzügig mit Randnotizen. „Das hat mir Sigrid zweimal zum Geburtstag geschenkt.“

Arme Cornelia! Und arme Sigrid! Aber das ist noch gar nichts. Vor nicht allzu langer Zeit machte Lydia Hausputz in ihrem Bücherschrank. Sie hatte gewusst, dass sie das Buch „Wege aus der Vergesslichkeit“ besaß. Aber sie war doch erstaunt, als sie drei Exemplare davon fand …

Grundnahrungsmittel

Cornelia hat getankt, und nun kommt sie zum Auto zurück – in der Hand eine große Tüte Gummibärchen. „Möchtest du?“, fragt sie Sigrid. Natürlich möchte Sigrid, sehr sogar. „Noch eins?“, fragt Cornelia ganz kurze Zeit später. „Hm … ja“, antwortet Sigrid, „eigentlich hab’ ich ja noch …“ Aber sie nimmt eins. Verwundert nimmt sie auch das dritte, sogar das vierte noch, aber dann fragt sie mit klebrigen Lippen: „Sag mal, Cornelia, wo lässt du all die Bärchen?!“ Erstaunt blickt Cornelia sie an. „Wieso?“, entgegnet sie.

Sigrid wundert sich. Gummibärchen gibt es bei ihr nicht oft, und eine Tüte hält lange. Schlagartig begreift sie: Für Cornelia sind Gummibärchen ein Grundnahrungsmittel, so etwas wie für andere belegte Brötchen oder Rosinenschnecken. Man kauft sie für den Hunger zwischendurch – und dann isst man sie auch auf.

Aber Sigrid müsste sich gar nicht wundern. Sie müsste nur daran denken, wie sie selbst es mit Pfefferminzbonbons hält …

Das Salatblatt

Tante Kathi ist eigenwillig und – wenn ich es nett ausdrücke – nicht leicht zu überzeugen. Vor über einem Jahr ist sie im Garten unglücklich gefallen, und seitdem hat sie Schmerzen im Rücken, an vielen Tagen wirklich schlimm. Aber zum Arzt geht sie deshalb nicht. „Ich bin alt", sagt sie, „meine Mutter hatte es in diesem Alter auch im Rücken, das ist nun einmal so. Mir kann kein Arzt helfen!"

So schleppt sich Tante Kathi mühsam durchs Leben. Sie zweifelt nicht daran, dass der schlimme Rücken nun ihr Schicksal ist. Bis Anfang letzter Woche ...

Da nämlich übersah Tante Kathi im Supermarkt ein Salatblatt, rutschte aus und schlug hin – der Länge nach auf den Rücken. Man half ihr wieder auf die Beine, und nachdem sie ihren ersten Schreck überwunden hatte, stellte sie fest: Gottseidank, es ist nicht viel passiert, nichts ist gebrochen, nichts tut heftig weh. Und später stellte sie noch etwas fest: Seit diesem Sturz sind ihre Rückenschmerzen verschwunden.

Die Zeltstangen

Sommerferien! Endlich! Nach elfstündiger Fahrt erreichen Bernd und Monika den Zeltplatz in Frankreich. Sofort beginnt Bernd mit dem Zeltaufbau. „Bist du denn nicht müde?“, fragt Monika verwundert. „Überhaupt nicht“, antwortet Bernd, „aber wo hast du bloß die Zeltstangen hingetan?“ Monika durchzuckt es. „Iiich?“, fragt sie. „Die hast *du* doch eingepackt! – Sag nicht, die liegen noch im Flur!“

So ist es! Aber das ficht Bernd nicht an. Erstaunlich, wie eine Elf-Stunden-Fahrt nach einem stressigen Schuljahresende den Adrenalinspiegel steigen lassen kann, denn Bernd meint gutgelaunt: „Ich hol’ die Stangen!“ Monika hält das für einen Witz, aber Bernd erklärt: „Doch, doch, das mach’ ich. Bin völlig fit. Ich fahr’ die Nacht durch, dann ein paar Stunden Schlaf – morgen um die Zeit bin ich wieder hier. Du gehst so lange ins Hotel.“ Nur mit Mühe kann ihn Monika zurückhalten …

Das ist Jahrzehnte her. Aber noch heute behauptet Bernd, immer noch ein wenig enttäuscht: „Ich hätte das gemacht!“

Pakt mit Petrus

Seit Wochen herrlichstes Sommerwetter, und nun endlich Ferien! Jens und Silke sind mit ihren Kindern auf dem Bauernhof. Für die Kinder ist es der Himmel auf Erden, aber die Bauern stöhnen: diese Hitze, diese Trockenheit. Es müsste unbedingt regnen …

Finden die Kinder überhaupt nicht, aber die einfühlsame Silke erklärt ihnen, wie wichtig der Regen für die Landwirtschaft ist und was eine gute Ernte für die Bauern bedeutet. Die Kinder sehen das ein, und – weichherzig, wie sie sind – sind sie damit einverstanden, dass es ein oder zwei Tage regnen darf.

Wenn das so ist, dann hat Petrus ja freie Hand. Er lässt es regnen, ausgiebig. Die Schönwetterperiode ist vorbei; es liegt bereits ein Hauch Herbst in der Luft. Die Kinder stehen hinter den Scheiben und gucken trübsinnig in die nasse Landschaft.

Für die Bauern auf Regen hoffen – Silke schwört sich, so etwas Dusseliges macht sie nie wieder.

Leidgeprüft

Jens und Silke schieben sich mit vielen anderen Urlaubern durch den übervollen Andenkenladen. Sie schauen mal hier und mal da, und nun suchen sie Ansichtskarten aus. Kai, ihren sechsjährigen Sohn, haben sie in dem Gewühl aus den Augen verloren. Nicht so schlimm, denken sie, weit kann er ja nicht sein.

Da ertönt hinter ihnen ein schepperndes Geräusch, gefolgt von Sirenengeheul. Wie elektrisiert schnellt Silkes Kopf herum. „Kai!“, ruft sie laut und entsetzt. Kai, nur einige Schritte entfernt, zuckt mit den Achseln und breitet die Hände aus. Unschuldig und ein wenig vorwurfsvoll sieht er seine Mutter an. „Ich war das nicht“, sagt sein Blick. Er war es wirklich nicht.

Gelassen hebt eine Verkäuferin einen Feuerwehrwagen auf, der im Gedränge vom Regal gestoßen worden war, und stellt seine Sirene ab. Erleichtert wendet sich Silke wieder dem Kartenständer zu. Jedoch – ihre Reaktion auf das Scheppern und Heulen lässt tief blicken. Sie kennt ihren Filius.

Pia weiß Bescheid

Meine Nichte Vera setzte ihre Kaffeetasse ab und sah mich an. „Bei uns gibt's schöne Neuigkeiten", sagte sie. „Im Mai bekommt Pia ein Brüderchen." Pia ist Veras dreijährige Tochter.

„Ich weiß", entgegnete ich, „hat mir Pia schon erzählt." „A-aber", stotterte Vera, „Pia kann doch gar nicht …" „Doch", versetzte ich, „kleine Kessel haben große Ohren, das weißt du doch. Pia hat mir feierlich verkündet: ‚Ich bekomme ein Geschwisterchen!' Wunschdenken natürlich, glaubte ich, doch ich wollte kein Spielverderber sein und fragte deshalb: ‚Wann ist es denn so weit?' ‚Im Mai', erklärte Pia bestimmt. ‚Weißt du denn, ob es ein Schwesterchen oder ein Brüderchen wird?', forschte ich weiter. ‚Ein Brüderchen' – Pia war ganz sicher. In dem Moment ahnte ich: Sie weiß Bescheid."

„Wann hat sie es dir denn gesagt?", fragte Vera. „Im August", antwortete ich, „an Jans Geburtstag." „An Jans Geburtstag?", echote Vera und sah mich fassungslos an. „Da wusste ich noch gar nicht, dass ich schwanger bin!"

Ein Familienprojekt

Pia ist schrecklich aufgeregt. Denn nun endlich wird das Brüderchen, das sie schon so lange mit Sehnsucht und Ungeduld erwartet, bald kommen. Pia freut sich unbändig und spricht von nichts anderem mehr.

„Was meinst du, Pia, welchen Namen soll dein kleiner Bruder denn bekommen?“, fragt ihre Mutter Vera. „Moritz“, sagt Pia sofort, denn so heißt ihr Vetter, der immer so schön mit ihr spielt und den sie heiß und innig liebt. „Das geht nicht“, meint Vera, „den Moritz gibt es ja schon.“ „Dann eben Laurenz“, schlägt Pia vor. Laurenz ist Moritz’ Bruder. „Das geht auch nicht, Schätzeken. Jeden Namen kann es in der Familie nur einmal geben!“, erklärt Vera. Nun wird es für Pia schwierig. Sie schweigt und denkt nach. Weitere Jungennamen kennt sie nicht – oder doch? Plötzlich ruft sie: „Hänschen klein!“

Mühsam verbeißen sich Vera und ihr Mann Jan das Lachen. Doch von da an sprechen sie von ihrem Baby nur noch als „Projekt Hänschen klein“.

Armer alter Wolf

Rotkäppchen nahm sein Körbchen mit dem Kuchen und dem Wein, wie die Mutter es gesagt hatte, und machte sich auf den Weg zur kranken Großmutter, die in einem Häuschen im tiefen Wald bei den drei großen Eichen wohnte. Aber diesmal kam der böse Wolf nicht, als Rotkäppchen so durch den einsamen Wald ging. Deshalb gelangte Rotkäppchen unbehelligt zu seiner Großmutter; die Großmutter labte sich an Wein und Kuchen und wurde bald wieder kräftig und gesund. Der Wolf hatte nämlich Zahnschmerzen und war zu Hause geblieben.

Alles gelogen! Auch diesmal wurde Rotkäppchen gefressen und musste vom Jäger aus dem Bauch des Wolfes befreit werden. Es war nur spät geworden, Jan hatte noch so viel zu tun und heute Abend einfach keine Zeit und Lust, das Märchen vom Rotkäppchen so zu erzählen, wie es sich eigentlich gehört.

Fruchtbare Fruchtfliegen

Der Duft von einem frischen Apfel ist einfach wunderbar. Das findet Tante Anni auch, und deshalb kommt das Emaille-Schüsselchen mit den Apfelschalen nicht gleich auf den Kompost, wenn Tante Anni Apfelkompott gekocht hat. Sie stellt es ins Wohnzimmer, wo es noch ein bisschen Apfelduft verbreiten soll.

Natürlich nicht auf den Tisch! Es könnte ja jemand kommen – und dann Küchenabfälle auf dem Wohnzimmertisch! Die Apfelschalen werden dezent unter das Sofa geschoben.

Dort kann man sie leicht vergessen. Nicht tragisch, denn wenn es nicht mehr ganz so gut duftet, dann wird man sich schon erinnern. Doch tragisch, wenn man die Schalen unter dem Sofa vergisst und in den Urlaub fährt!

Wie lange dauert es, bis aus einer winzigen Fruchtfliege Hunderte, Hunderttausende, Millionen geworden sind? Tante Anni weiß es jetzt: drei Wochen! Da half nur noch eins: Das Schüsselchen mit ausgestrecktem Arm und abgewandter Nase hinaustragen und dann – gegen die Fliegen – ein Staubsauger …

Der Stützschirm

Tante Anni brauchte einen Stock. Am Stock geht niemand gern, und weil Tante Anni ein ganz klein bisschen eitel ist, kaufte sie sich einen Stützschirm. Elegant und unauffällig, wurde er schon bald zu einem unentbehrlichen Requisit – so unentbehrlich, dass Tante Anni ihn in ein Museum mit hineinnehmen wollte. Der Eintritt war bezahlt, die Wärterin jedoch war unerbittlich. Mit Schirm ließ sie niemanden hinein, aber ohne Stock konnte die Tante einen Museumsbesuch nicht mehr durchstehen.

Von diesem einen Mal abgesehen, erwies sich der Stützschirm als idealer und sogar geliebter Gefährte, ohne den Tante Anni nicht mehr denkbar war. Bis sie sich – buchstäblich von einer Stunde auf die andere – entschied, doch einen richtigen Stock zu kaufen. Sie hatte für einen Urlaub ein Zimmer im Hotel gebucht, und als sie an die langen Flure und den großen Speisesaal dachte, schoss es ihr plötzlich durch den Kopf: „Ich kann doch nicht mit dem Schirm zum Frühstück gehen!“

Bei der Ehre gepackt

Erledigen Sie alles gerne sofort, am liebsten schon gestern? – Ich nicht. Ich halte es mit meinem Freund Ekkehard Graf zu Weidau, dessen Motto ist: „Was du heute kannst besorgen, das verschiebe ruhig auf morgen." Wobei „morgen" nicht wörtlich zu nehmen ist.

Wer seiner adeligen Vorfahren ihm diese Haltung wohl vererbt hat? – Bei mir war es mein Kölner Großvater. Vor langer Zeit gab es im Flur meiner Großeltern eine Türklingel, die seit Menschengedenken schief und wackelig an nur noch einem Nagel hing. Meine Großmutter störte das, aber für meinen Großvater eilte die Sache nicht. „Wenn ich Zeit hab', dann mach' ich sie fest", sagte er.

Bis ein wandernder Mönch kam, der für die Mission sammelte. Während er die Spende entgegennahm, fiel sein Blick auf die Klingel. „*Ein* Nägelchen ...", sagte er mit bedeutungsvollem Blick. Diese Ermahnung des frommen Mannes ging meinem Großvater doch gewaltig gegen den Strich. Noch am selben Abend wurde die Klingel sorgfältig festgeschraubt.

Falscher Geburtstag

Meine Großmutter wurde am ersten Weihnachtstag geboren. Und weil am zweiten Weihnachtstag alle Ämter geschlossen haben, stand mein Urgroßvater am 27. Dezember im Meldeamt und antwortete auf die Frage „wann“ ohne viel nachzudenken „gestern“. Deshalb hatte meine Großmutter zeitlebens einen richtigen und einen offiziellen Geburtstag. Ganz wie die Königin Elisabeth von England – die hatte nämlich ebenfalls zwei Geburtstage: neben dem richtigen einen offiziellen in der schönen Jahreszeit.

Im Gegensatz zu meiner Großmutter blieb meiner Cousine Bernadette das Los der zwei Geburtstage erspart, wenn auch nur um ein Haar. In den ersten Minuten des 1. Juli war sie auf die Welt gekommen, und mein Onkel war eigentlich fest entschlossen gewesen, den 30. Juni anzugeben – aus steuerlichen Gründen. Erst in letzter Sekunde entschied er sich anders. Bernadette sollte nicht ein Leben lang sagen: „Eigentlich habe ich erst morgen Geburtstag, aber mein Vater …“

Eine Frau, ein Wort

„Zurzeit habe ich sehr viel zu tun“, sagte Frau Schlömer. „Kommen Sie doch in einem Jahr noch mal wieder.“ Mit diesem Satz brachte die Schneiderin meine Großmutter zur Tür. „Deutlicher kann man ja kaum ‚nein‘ sagen“, mag sie gedacht haben. Sie war schließlich nicht mehr jung und wollte keine neuen Kundinnen mehr annehmen. „Die bin ich los“, glaubte sie.

Was für ein Irrtum! Meine Großmutter stammte aus dem Hohen Westerwald, wo die raue Landschaft die Menschen hart, aber auch ehrlich und verlässlich gemacht hat. Hier gilt ein Wort noch. Taktieren, das war meiner Großmutter fremd. Sie vermerkte „Schneiderin“ in ihrem Kalender, und auf den Tag genau ein Jahr später stand sie wieder bei Frau Schlömer vor der Tür.

So etwas hatte Frau Schlömer noch nicht erlebt. Was keine Überredungskunst erreicht hätte, vermochte das kindliche Vertrauen in die gar nicht ernst gemeinte Vertröstung. Von dem Tag an hatte meine Großmutter eine Schneiderin und Frau Schlömer eine neue Kundin.

Vorauseilend

Die Großmutter hatte ihre Erfahrungen mit der wohlmeinenden Familie gemacht. Immer sagte sie: „Nur eine halbe Tasse“ oder „nur noch ein Schlückchen“, und nie hörte man auf sie. Und dann blieb der gute Kaffee stehen. Der Großmutter tat das in der Seele weh, denn sie hatte noch die Zeiten erlebt, als Kaffee eine Kostbarkeit war. Aber sie wusste sich zu helfen und pflegte rechtzeitig – oder besser gesagt, vorauseilend – „Halt, halt!“ zu sagen.

Mit dieser Methode hatte sie meist Erfolg, nur bei ihrem jüngsten Enkel erlebte sie einen Reinfall. „Nur noch ein Schlückchen“, hatte sie wieder gesagt, um dann, als der Enkel gerade angefangen hatte einzuschenken, sofort „Halt, halt!“ zu rufen. Aber sie hatte nicht mit der Reaktionsfähigkeit ihres Enkels gerechnet, der reflexartig beim ersten „Halt“ gehorchte. Sprachlos schaute die Großmutter in ihre Tasse und dann vorwurfsvoll hoch zu ihrem Enkel: In der Tasse waren genau drei Tröpfchen Kaffee.

Schweres Schicksal

„Mein Gott, Tanja“, fragt die Großmutter, „hast du die arme Frau gesehen?“ „Welche Frau denn?“, fragt die Enkelin zurück. „Na, das junge Mädchen, das uns eben entgegenkam“, erwidert die Großmutter, „so jung und so entstellt! Hals, Arm, Schulter und bis zum Busen, alles rot und grün und blauschwarz! Und dann im Sommer, wo man doch gerne was Leichtes trägt. Ich würde an ihrer Stelle eine ganz luftige Bluse tragen, aber hochgeschlossen und mit langen Ärmeln!“

„Aber Oma“, sagt Tanja, „das Mädchen war doch nicht entstellt! Das sind Tattoos – Tätowierungen, habt ihr früher gesagt.“ „Ach so“, meint die Großmutter, „nicht entstellt, nur tätowiert. Aber – irgendwie kommt das doch aufs Gleiche raus …“

Rheinischer Humor

Als Adenauer von den Nationalsozialisten verbannt war, bewohnte er in Unkel ein Zimmer mit Blick auf den Rhein. Seinen kleinen Töchtern, die ihn dort besuchten, fiel an der Zimmerwand ein Porzellanknopf auf. „Drückt einmal drauf und guckt aus dem Fenster, was passiert“, sagte Adenauer. Kurz darauf fuhr auf der anderen Rheinseite ein Zug vorbei. Das war nun kein Hexenwerk, denn auf dieser Strecke fuhren die Züge auch damals schon im Minutentakt. Aber es dauerte Monate, bis die Mädchen begriffen, dass ihr Vater gar nicht auf Knopfdruck Züge fahren lassen konnte.

Auf eine solche Idee hätte auch mein Kölner Urgroßvater kommen können. Er lockte seine Kinder zu einem Sonntagsspaziergang, indem er ihnen versprach: „Jedes Mal, wenn das Pferd des Reiterdenkmals auf dem Heumarkt die Domuhr zwölfmal schlagen hört, schlägt es mit dem Schweif.“ Gebannt schauten die Kinder, und umso enttäuschter waren sie, als nichts geschah. „Es wird nichts gehört haben“, sagte mein Urgroßvater.

Die Taufe

„Dann wäre ja Ihre Mutter die Schwester unseres Großvaters …“ In der Tat, so war es. Ganz zufällig hatten wir bei einer Feier eine – ja, wie soll man es nennen – eine Großcousine kennengelernt, mit der wir uns auf Anhieb prächtig verstanden. Schon bald war es, als würden wir Felice schon immer kennen.

Gestern nun waren wir bei ihr zu einem runden Geburtstag eingeladen. Laut und fröhlich wurden wir begrüßt. Felice bot uns ein Glas Sekt an; dabei wurde sie angestoßen und schüttete den Sekt über meinen Anzug. Schnell zog ich mein Taschentuch heraus, um mich möglichst unauffällig abzutrocknen, wobei ich inständig hoffte: bloß keine Zerknirschung, keine Entschuldigungen, keine aufwendige Fleckentfernung … Laut sagte ich: „Macht überhaupt nichts, Felice, ist doch gar kein Problem!“

Das fand Felice auch. Unbekümmert sagte sie: „So ist das bei uns. Wer zum ersten Mal hier ist, wird getauft.“

Geliebte Tanten

„Meine Tanten habe ich wirklich geliebt“, erzählt Onkel August, „vor allem Tante Evchen und Tante Nellchen, die ganz in unserer Nähe wohnten. Da bin ich als kleiner Knirps oft und gerne hingegangen – und nicht nur, weil ich bei meinen Tanten immer was zu essen bekam. Wir waren zu Hause ja zu siebt, und in der Zeit vor der Währungsreform hatte ich eigentlich immer Hunger.“

Ja, Tante Evchen und Tante Nellchen, denke ich, von denen wird bei uns heute noch viel erzählt. „Welche von den beiden hast du denn am meisten gemocht, Onkel August?“, frage ich. Onkel August sieht nachdenklich aus und wiegt lange den Kopf. Dann sagt er: „Ich glaube doch, Tante Nellchen. Die hat mich zwar verhauen, aber bei der durfte ich so viel essen, wie ich wollte.“

Zu jung?

„War das gestern deine Mama?“ – „Nein, meine Oma.“ – „Ohh …“

Leonie hat nämlich eine sehr junge Großmutter; das verdankt sie ihrem Großvater. Der bat damals den künftigen Schwiegervater um die Hand seiner erst neunzehnjährigen Tochter. „Finden Sie nicht, dass sie zum Heiraten zu jung ist?“, fragte der Vater des Mädchens. „Alt werden kann sie bei mir“, entgegnete der hoffnungsvolle Bräutigam schlagfertig. Dagegen ließ sich wenig sagen.

Abwarten!

Unser Onkel Lothar ist niemand, der den Tag vor dem Abend lobt. Nun ist er neunzig geworden, bei klarem Verstand und noch immer guter Gesundheit.

„Sie sind ja richtig fit“, meinte ein Bekannter, „sehen aus wie fünfundsiebzig! Sie haben wohl auch das Alters-Gen.“ – „Abwarten“, versetzte Onkel Lothar.

Ohne alles

„Wat de Buer nich kennt, dat frett he nich", oder für alle die, denen der rheinische Tonfall geläufiger ist: „Wat dä Boor nit kennt, dat friss hä nit" – nein, so ist unser Onkel Lothar nicht. Er ist durchaus bereit, Neues auszuprobieren. Auch auf die Küche fremder Länder lässt er sich ein. Zum Italiener geht er oft und gerne mit uns, sogar zum Chinesen – warum also nicht auch einmal den Griechen ausprobieren? Gesagt, getan.

Doch hier sucht Onkel Lothar nur ganz oben auf der Speisekarte, dort, wo die verschiedenen Gyros-Gerichte stehen. An die exotischen Speisen mit den fremd klingenden Namen traut er sich vorerst noch nicht heran. Wir empfehlen ihm Pfännchen-Gyros mit Metaxa-Soße – nein! Dann Gyros mit Zaziki – nein, nein, auch nicht. Onkel Lothar bestellt ganz einfaches Gyros, aber – so sagt er dazu – bitte ohne Zwiebeln. Zwiebeln mag er nicht.

Onkel Lothar bekommt Gyros ohne alles, buchstäblich ohne alles. Wundert es Sie, dass er von der griechischen Küche nicht so viel hält?

Unsolide

Es war Liebe auf den ersten Blick. Markus und Manuela fühlten, sie waren füreinander geschaffen – worauf sollten sie also warten? Vier Monate, nachdem sie sich kennengelernt hatten, heirateten sie.

Aber sie waren wohl doch nicht füreinander geschaffen, denn nach zwölf leidvollen Jahren ging die krisengeschüttelte Ehe auseinander. –

„Kein Wunder", kommentiert Rainer selbstgerecht, „wenn man so verantwortungslos ist und sein Leben auf so eine unsolide Basis stellt!" Seine Stimme nimmt einen belehrenden Tonfall an: „Wir haben das besser gemacht. Wir sind einige Jahre zusammengezogen, bevor wir geheiratet haben. Man muss doch ausprobieren, ob es funktioniert …"

Zusammenziehen? Ausprobieren? Es ist noch gar nicht *so* lange her, da hätte man das eine „wilde Ehe" genannt und ebenso verständnislos-ablehnend den Kopf geschüttelt, wie es Rainer jetzt tut. So ändern sich die Zeiten …

Moderne Kinderernährung

In einem Geschäftshaushalt ist jeder Morgen hektisch, aber der heutige Montagmorgen hat es in sich. Und dann ist ständig die kleine Nora im Weg und quengelt – sie hat Hunger. „Geh, es gibt noch kein Frühstück“, ruft Frau Weber ungeduldig, aber dann tut ihr die Kleine doch leid. Sie zeigt auf eine Schale mit Knabbergebäck. „Nimm dir ein paar von den Gold-Fischli“, sagt sie, „in zehn Minuten gibt’s dann was Richtiges!“

„Lieber Himmel“, denkt die alte Frau Brandstetter, Noras Großmutter, entsetzt, „jetzt geben sie dem armen Kind Fisch! Vor dem Frühstück!“ Aber sie sagt nichts, in Fragen der Kinderernährung hält sie sich zurück. Nicht, dass es ihr so ergeht wie vor einigen Wochen. „Was“, hatte sie damals erregt gerufen, „Buttermilch? Mit acht Wochen?“ Alle hatten über ihr entsetztes Gesicht gelacht, und ihre Tochter hatte gesagt: „Aber nein, Mutter, wo denkst du hin? Timmy bekommt Muttermilch!“

Früh übt sich

Schon von weitem sah ich die Familie auf mich zukommen: die junge Mutter, den großen Mann und das kleine Mädchen mit dem roten Wollmützchen, das auf den Schultern des Mannes saß. Mit der Linken hatte der Vater ein Bein des Mädchens umfasst, und in der Rechten hielt er eine E-Zigarette, mit der er gewaltige Dampfwolken erzeugte. Vermutlich ahnte er nicht, dass der aufsteigende Dampf nach hinten fortzog, so dass er jedes Mal seine kleine Tochter einhüllte.

„Das arme Kind", dachte ich, als die Familie in meine Nähe kam und ich zum wiederholten Male sah, wie das Mädchen in einer Dampfwolke verschwand. Doch der Dampf verzog sich rasch, und die Kleine mit ihrem Wollmützchen tauchte wieder auf. Sie strahlte, und ich hörte sie rufen: „Noch mal!"

Gefährlicher Ostwind

Der alte Herr Boeskamp hat so seine Eigenheiten. Eine dieser Eigenheiten ist, dass er den kalten Ostwind fürchtet wie der Teufel das Weihwasser. Bei Ostwind verlässt er sein Zimmer nicht.

Nun geht es Herrn Boeskamp schon lange nicht mehr gut, aber seit einigen Tagen geht es ihm sehr schlecht; so schlecht, dass sein Sohn Bernd sich ernste Sorgen macht und für die kommenden Tage das Schlimmste befürchtet.

Als er beim Abendessen mit sorgenvoller Miene sagt: „Ich habe eben mit dem Arzt gesprochen, der meinte, Vater gehe es gar nicht gut, wir müssten darauf gefasst sein, dass er …“, da unterbricht ihn sein Sohn Bastian tröstend: „Mach dir mal keine Gedanken, Papa. Wir haben doch Ostwind. Und du weißt ja, bei Ostwind geht Opa nicht aus dem Haus!“